D1619150

EPIKURS
BIBLIOTHEK

Marietheres Wagner

EPIKURS BIBLIOTHEK

Geschichten vom Glück

MIDAS

1. Auflage 2021
ISBN 978-3-03876-119-8
© 2021 Midas Collection

Lektorat: Gregory C. Zäch
Korrektorat: Friederike Römhild
Layout: Ulrich Borstelmann
Cover: Agentur 21
Druck und Bindung: CPI Books

Printed in Germany

Die Deutsche Nationalbibliothek verzeichnet diese Publikation in der Deutschen Nationalbibliografie, detaillierte bibliografische Daten sind im Internet über http://dnb.de abrufbar.

Midas Verlag AG, Dunantstrasse 3, CH 8044 Zürich
www.midas.ch, kontakt@midas.ch, Social Media: follow »midasverlag«

INHALT

PHILOSOPHIEREN ALS WEG ZUM GLÜCK

Philosophie ist die Tätigkeit,

die durch Argumentation und Diskussion

das glückliche Leben schafft.

EPIKUR

*D*er Philosoph Epikur ist so etwas wie der Ahnvater aller Glückssuchenden. Das Erbe, das er hinterlassen hat, ist vielschichtig. Denn Epikur hatte einen Traum, an dessen Verwirklichung er sein ganzes Leben lang arbeitete: Jeder Mensch sollte, unabhängig von Herkunft und Geschlecht, seinen Lebensweg selbst gestalten können. Dabei nennt dieser in vieler Hinsicht ungewöhnliche Philosoph das Philosophieren selbst den Weg zum Glück. Denn Philosophieren im epikureischen Sinn ist alles andere als eine abstrakte, »kopfige« Angelegenheit. Vielmehr geht es um die Frage, wie sich ein selbstbestimmtes Leben im Alltag realisieren lässt. Es geht um das individuelle Lebensglück – hier, heute, auf der Erde.

Epikur selbst bezeichnete seine Lehre als »Naturphilosophie«. Doch seine philosophischen Fragen zum Wetter und zu Naturphänomenen haben einen Hintergrund: Zu Epikurs Lebzeiten wurde zum Beispiel eine Naturerscheinung wie Blitz und Donner als Zornesausbruch des Gottes Zeus ausgelegt. Es braucht nicht viel Phantasie, um sich auszumalen, welche Folgen dies für die Gemütslage von Menschen haben konnte …

Epikurs erklärtes Ziel war es, die Menschen vom Aberglauben zu befreien, um Ängste zu reduzieren. Denn Ängste identifiziert er als die schlimmsten Feinde menschlichen Wohlbefindens. Philosophieren nach Epikur ist zielgerichtet: Es geht darum, ein möglichst gutes Leben zu führen. Ängste zu überwinden ist eine Grundvoraussetzung, um die Seelenruhe zu bewahren. Glück ist nach dieser Auffassung ein Zustand – des Wohlbefindens. Und nichts kann diesen Zustand massiver stören als Angst. Drei Ängste sind nach Epikur dabei die schlimmsten: Die Angst vor Schmerzen, die Angst vor den Göttern und die Angst vor dem Tod. Wie sich diese drei

Ängste und damit auch alle andern überwinden lassen, damit beginnt nach Epikur alles Philosophieren. Und um die Frage, wie Philosophieren praktisch funktionieren kann, geht es in diesem Buch.

Epikurs Themen sind zeitlos. Doch von seinen Original-Texten ist nur noch ein Bruchteil erhalten – einige Lehrbriefe und eine Sammlung von Lehrsätzen. Diese sind inzwischen mehr als 2000 Jahre alt und entsprechend sperrig zu lesen. Um sie zu aktualisieren und für die Gegenwart neu zu interpretieren, will dieses Buch eine Art »Übersetzungshilfe« bieten – durch Bücher. Romane, Sachbücher und Bilderbücher sind darunter, alte und neue, kurze und lange, dünne und dicke, einfache oder auch etwas komplexere. Die Auswahl orientiert sich an zentralen Themen aus Epikurs Schriften.

Da Epikur der Ansicht war, dass Philosophieren »kinderleicht« und für alle möglich sein sollte, wird zu jedem Thema auch mindestens jeweils ein Kinderbuch, Bilderbuch oder Märchen vorgestellt.

Epikurs Lehre ist eine *Philosophie der Freundschaft.* Und Epikur empfahl nicht nur eine grundsätzlich freundschaftliche Haltung gegenüber anderen Menschen, sondern lebte diese auch: Seine Schule, die in einem Garten lag, war als einzige ihrer Zeit offen für alle – unabhängig von Herkunft und Geschlecht. Das galt für Fremde ohne Bürgerrechte, das galt für Sklaven und das galt für Frauen. Dabei war es offenbar vor allem Letzteres, was schon zu Epikurs Lebzeiten sowie noch Jahrhunderte später als Skandal empfunden wurde. Und einige Indizien sprechen dafür, dass genau hier einer der Gründe liegt, warum ausgerechnet Epikurs Philosophie immer wieder absichtlich falsch ausgelegt wurde. Epikurs Lehre ist keineswegs ein Aufruf zum Hedonismus. Epikur fordert lediglich dazu auf, sich aktiv um das eigene Wohlbefinden zu kümmern.

Durchaus lässt sich die darin enthaltene Absicht in einiger Hinsicht mit dem gegenwärtig so beliebten Schlagwort der »Selbstliebe« vergleichen. Dabei betont Epikur beide Prinzipien gleichermaßen: Für das eigene – körperliche wie seelische – Wohlergehen zu sorgen sowie gegenüber anderen Menschen eine freundschaftliche Haltung zu pflegen. Die Fähigkeit, diese beiden Pole in Einklang zu bringen, betrachtet Epikur als Grundvoraussetzung für ein gutes Leben.

Weil Angst für Epikur das störendste Element ist, beginnt Philosophieren nach Epikur mit der Frage: *Wie lässt sich Angst überwinden?* Es setzt sich mit weiteren Fragen fort – und jedes Kapitel dieses Buches befasst sich mit einer davon. Dass die darin angesprochenen Themen miteinander zusammenhängen, zeigt sich in den Buchbeispielen: Themen überschneiden sich oder gehören zusammen und Bücher können deshalb in verschiedene Kapitel »passen«.

Ein Zusammenhang besteht nicht nur zwischen Angst und Glück. Zusammenhänge bestehen auch zwischen individuellen und sozialen Verhältnissen. Welche Rolle spielen Herkunft oder Geschlecht bezüglich der Frage, wie ein selbstbestimmtes Leben gelingt? Epikurs Lehre bezieht soziale Unterschiede schon durch das Konzept der Offenheit seiner Schule mit ein und zielt damit auf eine Überwindung diskriminierender Schranken ab.

Glück ist ein Zustand mit vielen Facetten. In Epikurs Philosophie geht es um Fragen, die alle Menschen betreffen. Und wenn es in einem Kapitel um die Frage geht, was der Tod für das Leben bedeutet, dann lässt sich mit Literatur darüber gut

»philosophieren« – in dem Sinn, dass Geschichten etwas erleben lassen, was mit Verstand und Fakten nur unzureichend erklärbar ist. Philosophie, die »Liebe zur Weisheit«, im wissenschaftlichen Sinn dreht sich um Erkenntnisse über den Sinn des Lebens. Der Ausdruck »Philosophie« bezeichnet aber – in einem eher umgangssprachlichen Sinn – darüber hinaus auch die persönliche Art und Weise, das Leben und die Welt zu betrachten, die »Lebensphilosophie«. Um diese Art von Philosophie oder Philosophieren geht es im Folgenden.

Die Freundschaft zu Büchern lässt sich in einiger Hinsicht mit der Freundschaft zu Menschen vergleichen. Um die Bedeutung von Büchern geht es im Kapitel *Die Magie des Bücherfindens*, mit dem die Reise in Epikurs Garten beginnt. Denn das einzige Gebäude dort war nicht zufällig eine Bibliothek, die für alle Schülerinnen und Schüler offen stand.

Mit einem Koffer voller Bücher lässt sich gut reisen – auch in die Welt der großen Fragen. Wenn dieses Buch also mit rund 50 gänzlich unterschiedlichen Büchern zum Philosophieren anregen will, versteht sich dies als Ermunterung zu dem, was Epikur als Weg zum Glück empfiehlt – und was sich in Worten von heute ungefähr so ausdrücken lässt:

Fang an zu philosophieren –

ja, du, jetzt gleich …

… denn es ist nie zu früh dafür

und nie zu spät!

Du musst dich selbst
um das kümmern,
was Glück bringt.

EPIKUR

KAPITEL 1

DIE MAGIE DES BÜCHERFINDENS

*J*eder Mensch soll, unabhängig von Herkunft oder Geschlecht, die Möglichkeit haben, ein gutes Leben zu führen. Den legendären Sprung »vom Tellerwäscher zum Millionär« schaffen im wirklichen Leben allerdings nur wenige. Wohlstand, Bildung und Selbstverwirklichung sind in weiten Teilen der Welt noch immer mehr Privileg als Grundrecht. Die Schere zwischen arm und reich klafft auch in westlichen Industrieländern zunehmend weiter auseinander.

Was die einzelne Person tun kann, um die Begrenzungen ihrer Herkunft zu durchbrechen, ist eines der großen Themen des Philosophen Epikur. Dieser gründete vor rund 2300 Jahren eine Schule in Athen, dem damaligen Zentrum Europas. Da diese Schule in einem Garten lag, wurde sie als »Kepos« bezeichnet, dem griechischen Wort für »Garten«. Das einzige Gebäude dort war eine Bibliothek, die zum Privathaus von Epikur gehörte, doch allen Schülern zugänglich war.

Es sind heute keine Informationen mehr darüber verfügbar, welche Bücher in Epikurs Bibliothek vorhanden waren. Und ob Träume Wirklichkeit werden können oder nicht, hängt von vielen Faktoren ab. Doch ein grundlegender Zusammenhang ist unbestritten: Grundsätzliche Voraussetzungen hängen ab von Möglichkeiten der Bildung und Ausbildung. Diese aber haben von jeher zu tun mit dem Zugang zu Büchern. Das war schon zu Zeiten der Papyrusrollen so. Und dies setzt sich fort in die Zeit der elektronischen Medien – also bis heute.

Bücher sind die Wurzeln von Kultur und Zivilisation. Sie sind Motor individueller Möglichkeiten, eröffnen Tore zu neuen Welten und ermöglichen Veränderungen. In Büchern wird Wissen weitergegeben. Geschichten können die Phantasie anregen, Gefühle berühren und Vorstellungen schaffen – von

Rollen, von Identität, von Lebensentwürfen. Auch alle Filme waren zuerst geschriebene Texte – nicht nur in ihren Vorstufen, den Drehbüchern, sondern häufig auch in Form von Romanen, Sachbüchern oder Theaterstücken.

Wir haben heute Zugang zu unendlich vielen Büchern. Doch was sie uns bedeuten können, hängt davon ab, ob wir tatsächlich »unsere« Bücher finden: Jene Bücher, die uns im Innersten berühren. Bücher, die uns etwas Neues zeigen. Bücher, die in unbekannte Welten entführen, zu Abenteuern einladen, zum Forschen ermuntern, etwas entdecken und Geheimnisse ergründen lassen.

Wovon hängt ab, wer welche Bücher findet? Über diese Frage zu philosophieren will dieses erste Kapitel anregen. Mit Büchern, die gänzlich unterschiedlich in vieler Hinsicht sind und dennoch alle eines gemeinsam haben. Sie alle erzählen von der *Magie des Bücherfindens*.

MICHAEL ENDE

DIE UNENDLICHE GESCHICHTE

»Er starrte auf den Titel des Buches, und ihm wurde abwechselnd heiß und kalt. Das, genau das war es, wovon er schon oft geträumt und was er sich, seit er von seiner Leidenschaft befallen war, gewünscht hatte: Eine Geschichte, die niemals zu Ende ging! Das Buch aller Bücher! Er musste dieses Buch haben, koste es, was es wolle!«

»All-Age«-Romane sind Bücher, die für Kinder geschrieben sind, aber auch von Erwachsenen gelesen werden. Manche davon werden zu Kultbüchern erklärt, landen auf Bestsellerlisten und werden später aufwändig verfilmt. Die Faszination dieser besonderen Art von Büchern liegt darin, dass sie an ein Gefühl erinnern, das wir als Erwachsene oft schon lange vergessen haben: Die zauberhafte Aufregung, die ganze Welt neu zu entdecken.

Das kann bedeuten, dass wir etwas Altbekanntes mit ganz neuen Augen sehen lernen. Denn als Erwachsene kennen wir schließlich mehr oder weniger alles schon, was uns in der

Kindheit noch neu war. Wie die Eindrücke der Welt auf unsere Sinne wirken, das vergessen wir im Lauf der Zeit, weil wir uns daran gewöhnt haben. Wir riechen nicht mehr, wie das frisch gemähte Gras auf einer Sommerwiese duftet. Wir überhören im Lärm der Eile das Zwitschern eines Vogels. Manchmal tauchen besondere Momente kurz wieder auf – auf einer Reise vielleicht, oder in der Begegnung mit einem besonderen Menschen. Dann kann die Zeit stillstehen, weil wir sie vergessen. Und die Welt entfaltet plötzlich einen Zauber, kann leuchten in aller Pracht, mit scheinbar nie zuvor gesehenen Formen und Farben. Alles scheint anders. Aufregend neu. Lebendig.

Wenn es einem Kinderbuch gelingt, uns als Erwachsene in seinen Bann zu ziehen, kann etwas Ähnliches geschehen. Der Anfangsteil des Romans *Die unendliche Geschichte* (1979) von Michael Ende erzählt von der Faszination des Lesens, die mit jenem ganz besonderen Moment beginnt: Der Magie des Entdeckens.

>»Es ist eine rätselhafte Sache um die menschlichen Leidenschaften, und Kindern geht es damit nicht anders als Erwachsenen. Diejenigen, die davon befallen werden, können sie sich nicht erklären, und diejenigen, die nichts dergleichen je erlebt haben, können sie nicht begreifen. Es gibt Menschen, die setzen ihr Leben aufs Spiel, um einen Berggipfel zu bezwingen. Niemand, nicht einmal sie selbst, könnten wirklich erklären, warum. Andere ruinieren sich, um das Herz einer bestimmten Person zu erobern, die nichts von ihnen wissen will. [...] Kurzum, es gibt so viele verschiedene Leidenschaften, wie es verschiedene Menschen gibt. Für Bastian Baltasar Bux waren es die Bücher.«

Der Romanheld Bastian Baltasar Bux wird von seinem Autor Michael Ende beschrieben als kleiner dicker Junge von ungefähr zehn oder elf Jahren. In einer kleinen und bis unter die Decke vollgestopften Buchhandlung trifft er den Buchhändler Karl Konrad Koreander, einen untersetzten Mann mit geblümter Weste, der eine kleine goldene Brille trägt und Pfeife raucht, während er in einem Buch liest. Herr Koreander braucht nur wenige Fragen, um herauszufinden, dass Bastian ein Problem hat: Seine Mitschüler schubsen ihn herum und er kann sich offenbar nicht dagegen wehren. Als das Telefon klingelt, bleibt Bastian einen Moment alleine in der Buchhandlung zurück. Und da passiert es:

> »Wer niemals ganze Nachmittage lang mit glühenden Ohren und verstrubbeltem Haar über einem Buch saß und las und las und die Welt um sich her vergaß, nicht mehr merkte, daß er hungrig wurde oder fror –

> Wer niemals heimlich beim Schein einer Taschenlampe unter der Bettdecke gelesen hat, weil Vater oder Mutter oder sonst irgendeine besorgte Person einem das Licht ausknipste mit der gutgemeinten Begründung, man müsse jetzt schlafen, da man doch morgen so früh aus den Federn sollte –

> Wer niemals offen oder im Geheimen bitterliche Tränen vergossen hat, weil eine wunderbare Geschichte zu Ende ging und man Abschied nehmen mußte von den Gestalten, mit denen man gemeinsam so viele Abenteuer erlebt hatte, die man liebte und bewunderte, um die man gebangt und für

die man gehofft hatte, und ohne deren Gesellschaft einem das Leben leer und sinnlos schien –

Wer nichts von alledem aus eigener Erfahrung kennt, nun, der wird wahrscheinlich nicht begreifen können, was Bastian jetzt tat.«

Was Bastian entgegenfunkelt, wirkt auf ihn verlockend wie ein Schatz: Ein Buch, ein ganz besonderes Buch! Doch sein Begehren danach bringt ihn in schreckliche Nöte, weil er kein Geld hat. Bastian will dieses Buch unbedingt lesen. Deshalb kann er nicht widerstehen: Er greift plötzlich danach und läuft in einer Art Kurzschlusshandlung damit weg. Schuldbewusst versteckt Bastian sich auf dem Dachboden seiner Schule. Als er dort zu lesen anfängt, macht er eine sensationelle Entdeckung: Er selbst ist eine Figur dieses Buches. Es geht um ihn. Bastian kann es zunächst nicht glauben. Doch Atréju, ein Junge aus einem Land namens Phantásien, braucht offensichtlich dringend seine Hilfe. Das Problem ist, dass kein Mensch mehr den Weg dorthin kennt und dass Phantásien deshalb zu verschwinden droht. Am Ende dieser phantastischen Reise ist Bastian nicht mehr der, der er vorher war, sondern ein Held, ein Abenteurer. Einer, der was zu erzählen hat. Und wenn Bastian wieder in die reale Welt zurückkehrt, scheint eine halbe Ewigkeit vergangen zu sein. Denn er hat auf dieser Reise ins Abenteuer völlig die Zeit vergessen. Es kommt ihm vor, als wäre er Jahre fortgewesen. Dabei war es nur ein einziger Tag.

Bastian Balthasar Bux bringt das Buch zurück und ist erleichtert, als Karl Konrad Koreander ihn nicht als Dieb betrachtet, sondern aus tiefstem Herzen versteht. Und Bastian erfährt, dass dieser Buchhändler auch selbst schon in Phantásien war... *Die unendliche Geschichte* erzählt von Abenteuern an phantastischen Orten, an denen sich wie unzählig viele Türen auch noch unendlich viele Ausblicke in weitere Geschichten eröffnen. »Aber das ist eine andere Geschichte und soll ein andermal erzählt werden«, heißt es dann jedes Mal. Mit dieser Bemerkung endet auch der Roman. Erzählt wird darin, wie der Leser Bastian zum Helden wird.

Lesen kann ungeahnte Folgen haben. In diesem Fall fordert es auf, sich um sein eigenes Glück zu kümmern. Die Worte dazu tanzen geheimnisvoll illustriert auf dem Buchumschlag: »Tu, was du willst!«

Sich um das eigene Glück zu kümmern: Genau das ist auch die Botschaft Epikurs. Sie klingt zunächst einfach, fast schon selbstverständlich. Doch das ist sie keineswegs. Epikurs Vorstellung des Philosohierens gleicht einer Schatzsuche oder Abenteuerreise. Bücher können uns unterwegs begleiten wie gute Freunde.

LOB DER GUTEN
BUCHHANDLUNG

*G*erade jene Bücher, die uns mitten ins Herz treffen, faszinieren, bezaubern, anregen und auf neue Gedanken bringen können, haben oft eine seltsame Eigenart: Bevor wir sie finden, wissen wir noch gar nicht, dass es sie gibt! Wir können sie treffen oder sie können uns finden – so wie ganz besondere Menschen. Doch wir wissen nichts von ihnen, bis zu jenem Augenblick, in dem wir sie entdeckt haben. Was das heißt, bringt der englische Autor Mark Forsyth in seinem eindringlichen Essay *Lob der guten Buchhandlung* (2015) vor dem Hintergrund der Allgegenwart des Internets auf den Punkt. Dass auch Bücher wie vieles andere über das Internet bestellt werden, gehört selbstverständlich zur Realität. Es ist Teil der Gegenwart, es lässt sich nicht leugnen, und es kann auch zuweilen praktisch sein. Doch die Magie des Bücherfindens wird sich beim Sitzen vor einem Bildschirm nie einstellen. Warum, das beschreibt Mark Forsyth folgendermaßen:

>*Das Internet verschluckt Ihre Bedürfnisse und spuckt sie verdaut wieder aus. Sie suchen, Sie geben Begriffe ein, die Sie kennen, Dinge, die Sie schon im Kopf haben, und das Internet bietet Ihnen ein Buch oder ein Bild oder einen Wikipedia-Artikel an. Aber das ist auch alles. Das unbekannte Unbekannte müssen wir woanders finden.*«

Im Internet bestellen wir Bücher in der Regel gezielt. Wir bestellen dort, was wir schon kennen oder wovon wir wissen, dass wir es haben wollen. Das können Bücher sein, die auf der Bestsellerliste stehen. Es können Klassiker sein oder Empfehlungen. Bücher, die wir schon gelesen haben. Oder Bücher, die wir noch nicht gelesen haben – aber von denen wir eben schon wissen, dass es sie gibt. Wenn wir wissen, was wir wollen, können wir es im Internet bestellen. Mark Forsyth analysiert das Wesen von Computern als Maschinen und kommt zu dem Schluss: Maschinen erlauben das Element der Veränderung nicht. Sie machen nur das, was wir ihnen sagen. Das Internet gibt uns das, von dem wir bereits wussten, dass wir es wollen, doch nicht mehr. Es gibt uns nicht jenes Neue, das die Magie des Bücherfindens ausmacht. Es liefert uns keine Abenteuer und keine Entdeckungsreisen. Gerade die besten Dinge im Leben sind allerdings oft die, von denen wir zuvor nicht wussten, dass wir sie wollen oder gar brauchen. Bis wir sie gefunden haben. Das unbekannte Unbekannte ist das Unbekannte, von dem wir zuvor nicht wissen, dass es existiert. Es sind Begegnungen – mit Menschen, mit Orten, mit Ereignissen. Und mit Büchern.

Das Neue entdecken wir nicht, wenn wir zu Hause vor dem Bildschirm sitzen. Das Neue entdecken wir, wenn wir nach draußen gehen: In die Welt, auf Reisen, in Cafés. Dort draußen treffen wir das Neue: Andere Menschen, neue Eindrücke. Und Bücher.

»Die gute Buchhandlung«, so nennt Mark Forsyth jene Orte, an denen eine besondere Auswahl präsentiert wird. Sie zeichnen sich dadurch aus, dass nicht nur die Ketten- und Massenware aufgereiht wird. Sie beinhalten etwas, das auch in Epikurs Philosophie eine zentrale Rolle spielt: Individualität.

Büchertische und Regale sind etwas grundlegend anderes als ein Bildschirm mit angeblich ungeahnten Möglichkeiten. Denn Bücher, die physisch vorhanden sind, können wir anfassen, durchblättern, wieder zurückstellen oder mitnehmen. Ob uns das Cover anspricht oder der Titel oder der Klappentext: Bücher sind sinnliche Objekte, Bildschirme können all das nur unzureichend wiedergeben.

Mark Forsyth weist übrigens auch darauf hin, dass es gegenwärtig keinerlei Grund zum Jammern gebe: Durch eine Buchhandlung schlendern, dort stöbern und sich treiben lassen, das ist seiner Beobachtung nach ein Genuss, der durch das Internet und die E-Books sogar schöner geworden ist als je zuvor. Denn noch nie gab es so viele schön gestaltete Bücher wie in der Gegenwart. Es ist sogar eine Folge der E-Books und der Digitalisierung, dass im Kontrast dazu umso mehr auffällt, was die Lust am Buch ausmacht: Das Material, seine Gestaltung, sein Design.

Ins Blaue hineinspazieren und etwas Wundervolles finden. Das ist in der gut sortierten Buchhandlung möglich. Hier kann sich alles treffen und individuell entdecken lassen: Gefühl und Intellekt, Ästhetik und Wissen, Abenteuerlust und Entspannung – wie auf einer gelungenen Urlaubsreise.

Mark Forsyth kommt zu folgendem Schluss: Das elektronische Buch mag praktisch sein. Das physisch greifbare Buch wird geliebt. Es kann sinnlich sein, aus besonderem Papier bestehen, sich gut anfassen, als Objekt schön sein, glänzen, den Blick anziehen, sich durchblättern lassen, einen auf einer Reise begleiten oder zu Hause auf einen warten. Und so, wie sich ein Buch, von dem wir zuvor noch nichts wussten, auf einen Blick finden lässt, ist dies auch mit einer besonderen Seite in einem Buch möglich. Oder sogar mit einem einzigen Satz. Mit einem einzigen Satz lässt sich auch Epikurs Philosophie zusammenfassen, wie aus dem nächsten Buchbeispiel hervorgeht.

ÜBER DAS GLÜCK

herausgegeben und übersetzt
von Séverine Gindro und David Vitali

»Freund, das ist ein guter Ort, hier wird nichts mehr verehrt
als das Glück.«

Dieser Satz – der je nach Übersetzung leicht variieren kann – stand am Eingang von Epikurs Gartentor. Die oben genannte Formulierung stammt aus der von Séverine Gindro und David Vitali herausgegebenen Textsammlung *Epikur. Über das Glück* (1995), die auch in Form eines Miniaturbuchs wieder in einer Neuauflage (2019) erhältlich ist.

Das pointierte Vorwort zu diesem Buch stammt von dem deutschen Philosophen Ludwig Marcuse – der nach dem Reichtagsbrand in die USA emigriert ist und 1944 amerikanischer Staatsbürger wurde. Ludwig Marcuse fasst Epikurs Bedeutung für die Weltgeschichte mit folgenden Worten zusammen:

»Es kommt alles darauf an, dass du, Mensch, der du heute und hier lebst, glücklich bist. Du bist da, um dein einziges, einmaliges Leben mit Glück zu füllen. Diese Entdeckung trägt den Namen Epikur.«

Ludwig Marcuse betrachtet Epikurs Lehre als Anleitung zum Glück. Er vergleicht Epikurs Bedeutung mit der von Jesus und Sokrates. Dabei stellt er sich und seiner Leserschaft die Frage, warum Epikur im Unterschied zu Sokrates nicht vergiftet und im Unterschied zu Jesus nicht ans Kreuz geschlagen wurde. Die daraus folgenden Überlegungen geben bereits einen mehr als nur oberflächlichen Eindruck davon, was Epikurs Philosophie bedeutet.

Noch ausführlicher befasst sich Ludwig Marcuse mit dem Thema in einer Textsammlung, der das oben genannte Vorwort entnommen wurde.

PHILOSOPHIE DES GLÜCKS

von Hiob bis Freud

»Epikur, der erste Epikuräer«, beginnt Ludwig Marcuse in einer Essaysammlung *Philosophie des Glücks. von Hiob bis Freud* (1972) seine Beschreibung des antiken Philosophen. Marcuse stellt fest, dass Epikur der einzige Philosoph ist, dessen Eigenname auch als Begriff verwendet wird. Und ob das Wort »Epikureer« oder das davon abgeleitete Eigenschaftswort »epikureisch« wie heute mit e oder wie früher mit ä geschrieben wird, die Bedeutung bleibt dieselbe:

Als »Epikureer« stellt Ludwig Marcuse die Philosophen Montaigne und Rousseau vor, den deutschen Dichter Georg Büchner sowie auch den römischen Weisen Seneca. Der Autor Benjamin Franklin aus dem 18. Jahrhundert gehört ebenso dazu wie zwei von Franklin erfundene Figuren namens Philokles und Horatio. Die Liste der Prominenten ist lang. Unter den Gästen, die den antiken Philosophengarten per Lektüre besucht haben, finden sich so unterschiedliche Menschen wie der Heilige Augustinus und der Atheist Karl Marx, die sich in einem Punkt offenbar völlig einig waren: Alle Philosophen-Schulen der griechischen Antike haben an böse Geister und Hexen geglaubt – mit nur einer einzigen Ausnahme. Diese Ausnahme, das waren die Epikureer.

Für Menschen, die in der Tradition dieser Denkschule standen, drückte der römische Kaiser Marc Aurel Ende des zweiten Jahrhunderts seine Wertschätzung in Worten und Taten aus und gewährte epikureischen Schulen staatliche Unterstützung. Doch 200 Jahre später dankte ein anderer Kaiser, Julian, den Göttern für das gründliche Ausrotten der Lehre des Epikur. Kaiser Julian führte diesen »Erfolg« auf einen ganz bestimmten Punkt zurück: Die Bücher Epikurs wären nirgendwo mehr zu finden. Dass dieses Verschwinden kein Zufall war, geht aus der Heftigkeit von Kaiser Julians Reaktion hervor.

Trotz alledem sind einige Schriften Epikurs bis heute erhalten geblieben.

Die Jagd der Philosophen
nach der Wahrheit lässt
sich vielleicht mit einer
Kriminalgeschichte
vergleichen.

JOSTEIN GAARDER

Was wir Kultur nennen, ist
in Wirklichkeit ein langer
Prozess des Auswählens
und des Filterns. Ganze
Sammlungen von
Büchern, Filmen, Comics,
Kunstwerken sind durch
Inquisitoren unterdrückt
worden oder den Flammen
zum Opfer gefallen.

UMBERTO ECO

KAPITEL 2

DIE PHILOSOPHIE
DER FREUNDSCHAFT

*E*ine Büste des Philosophen steht im Louvre in Paris. Epikurs Gesichtsausdruck ist ernst, fast streng. Ein welliger Bart und kurzgeschnittene Haare umrahmen sein Gesicht, das markant, fast kantig wirkt. Wer war Epikur und was kann seine Philosophie heute, in der Gegenwart, bedeuten? Es gibt verschiedene Wege, sich dieser Frage anzunähern. Eine abschließende Antwort darauf kann es jedoch kaum geben. Denn Vieles bleibt offen, weil Epikur eine Figur voller Geheimnisse ist: Die einen haben ihn gefeiert, die anderen haben ihn verteufelt.

Woher beziehen wir überhaupt unser Wissen über historische Personen? Woher wissen wir, inwieweit Berichte aus der Vergangenheit wahr oder falsch sind? Wer hat sie geschrieben? Und warum? Was wir darüber wissen, hängt grundsätzlich immer von der Quellenlage ab – und damit auch wieder von der im ersten Kapitel gestellten Frage: Wie finden wir »unsere« Bücher?

Informationen über historische Persönlichkeiten basieren in der Regel auf schriftlichen Aufzeichnungen, zu denen neben Büchern auch Briefe, Zeitungsberichte, Fotos oder sonstige Zeugnisse aus verschiedenen Zeiten gehören. Doch manchmal verschwinden Spuren scheinbar im Nirgendwo – und manchmal tauchen sie an unerwarteten Stellen wieder auf. In Epikurs Fall ist die Frage, was wir über ihn wissen und was nicht, aus mehreren Gründen interessant. Denn zum einen ist ein Großteil von Epikurs eigenen Schriften verschwunden. Zum anderen wurden Zeugnisse über sein Werk später wieder zugänglich, die zuvor lange Zeit nicht mehr zu finden waren.

Dass einige der wichtigsten Schriften von Epikur sowie auch Informationen über sein persönliches Leben erhalten geblieben sind, ist insbesondere einem wichtigen Buch zu verdanken.

Es ist fast zweitausend Jahre alt. Und seinen Autor als »Freund des Epikur« zu bezeichnen, ist sicherlich keine Übertreibung – auch wenn sich die beiden zu Lebzeiten nie begegnet sein können.

VON DEM LEBEN UND DEN MEINUNGEN BERÜHMTER PHILOSOPHEN

*D*iogenes Laertius (im griechischen Original lautete sein Name Διογένης Λαέρτιος *Diogénēs Laértios*, latinisiert wurde er später zu *Diogenes Laertius*) lebte Mitte des 3. Jahrhunderts und ist als spätantiker Philosophiehistoriker bekannt geworden, weil er um das Jahr 220 in zehn Büchern die Geschichte der griechischen Philosophie niederschrieb. Dieses Werk hat einen kompendienhaften Charakter, umfasst biographische Beschreibungen, anekdotenhafte Geschichten und auch persönliche Meinungsäußerungen und Kommentare des Autors. So erwähnt Diogenes Laertius zum Beispiel in einem Kapitel über Aristoteles, dass dieser etwas gestottert habe. Aristoteles sei einer von Platons »echtesten« Schülern gewesen, habe sich aber noch zu Lebzeiten von seinem Lehrer Platon getrennt, was Platon mit der Bemerkung kommentiert haben soll, dass Aristoteles nach hinten gegen ihn ausgeschlagen habe wie ein Füllen gegen seine Mutter.

Die gesamte Philosophiegeschichte von Diogenes Laertius umfasst zehn Bücher, davon ist nur zwei Philosophen jeweils ein ganzes Buch gewidmet: Der eine ist Platon, der andere Epikur. Über Epikurs Publikationsliste bemerkt Diogenes Laertius: »Epikur, war einer der größten Vielschreiber, der an Menge der Bücher alle übertroffen hat.«

Aufgelistet sind über 300 Bücherrollen, die auch mit Titeln verzeichnet sind. Überliefern konnte Diogenes Laertius davon allerdings nur noch einige Lehrbriefe und Spruchsammlungen – der Rest war offenbar bereits zu seinen Lebzeiten verschwunden. Epikur war zu diesem Zeitpunkt bereits rund 500 Jahre tot. Die Geburtsdaten von Epikur übermittelt Diogenes Laertius mit folgenden Worten:

»*Sein Geburtsjahr war, nach Apollodors Bericht in den Zeitbüchern, das dritte der 29. Olympiade, da Sosigenes Archon war, und sein Geburtstag der 7. des Monats Gamelion, 7 Jahre nach Platons Tod.*«

Daraus lässt sich schließen, dass Epikur um das Jahr 341 vor unserer Zeitrechnung geboren ist. Zu jener Zeit galt der attische Kalender, in dem der Monat »Gamelion« der siebte Monat des Jahres war. Zur Frage nach dem tatsächlichen Geburtstag von Epikur gibt es unterschiedliche Auslegungen. Mehr Einigkeit herrscht bezüglich des Geburtsortes, der die griechische Insel Samos war.

Diogenes Laertius beginnt den Bericht mit der Erwähnung der (hier wie alle anderen ebenfalls latinisierten) Namen von Epikurs Eltern Neokles und Chänestrata. Epikurs Vater war Elementarlehrer und Epikur hatte drei Brüder – Neokles, Chäredem und Aristobul, die ebenfalls mit ihm philosophierten.

Im Alter von 32 Jahren gründete Epikur seine eigene Schule in Lampsakos, die verschiedene Stationen mit Ortswechseln durchlief. Epikur wurde dabei von anderen jungen Männern unterstützt, die zunächst seine Schüler waren, aber im Unterschied zu Epikur aus reichem Hause stammten. Eine besondere Rolle spielten dabei die Brüder Metrodor und Timokrates aus Lampsakos, die Epikur viele Jahre lang begleiteten und unterstützten. Diogenes Laertius berichtet von Epikurs langjähriger Freundschaft zu ihnen.

Im Jahr 306 vor unserer Zeitrechnung übersiedelte die Schule von der Provinz in die Großstadt: Epikur kaufte ein Gartengrundstück sowie auch ein Haus in Athen und zog damit in die Metropole seiner Zeit. Diogenes Laertius schreibt, dass Epikur Athen danach nur noch wenige Male für kurze Reisen zu Freunden verlassen habe, die »[...] von allen Orten her zu ihm kamen und im Garten bei ihm lebten, wie Apollodor sagt, welchen Garten er für 80 Minen gekauft hatte.«

Das Konzept von Epikurs Schule wies zu allen anderen Philosophenschulen einen bedeutenden Unterschied auf: Sie war offen für alle. Auch Fremde ohne Bürgerrechte fanden Einlass. Auch Sklaven waren willkommen. Doch die eigentliche Sensation war Folgendes: Sogar für Frauen galten dieselben Rechte!

Eine freundschaftliche Haltung gegenüber allen Menschen ist Epikurs Philosophie nach unabhängig von Herkunft oder Geschlecht. Epikur war zu seinen Lebzeiten populär wie heute ein Popstar. Diogenes Laertius kommentiert dies mit den Worten: »Seiner Freunde sind eine solche Menge, dass eine ganze Stadt sie nicht fassen könnte.« Doch was bedeutet der Begriff Freundschaft in der Gegenwart?

WILHELM SCHMID

VOM GLÜCK DER FREUNDSCHAFT

»Die Freundschaft gewinnt immer mehr Freunde«. So lautet das Vorwort des Philosophen Wilhelm Schmid zu seinem Buch *Vom Glück der Freundschaft* (2014). Schmid stellt fest, dass in einer modernen städtischen Welt nach Freunden gesucht werden müsse wie nach seltenen Pflanzen und bezeichnet Freundschaft als »die frei gewählte Beziehung schlechthin«.

Durch Freundschaften lasse sich erlernen und einüben, wie verschiedene Formen von Beziehungen zwischen Menschen gestaltet und insbesondere schön gestaltet werden können. Freundschaft zu pflegen wird nach Ansicht von Wilhelm Schmid zu einem Element der Lebenskunst, wenn Menschen bewusst werde, wie unverzichtbar diese Beziehung für ein schönes und bejahenswertes Leben sei. Denn ein erfülltes Leben bedürfe enger Beziehungen zu Anderen und das Selbst bleibe arm, wenn es ohne Freunde bleibe.

Wilhelm Schmid befasst sich mit der Frage, was Glück und Freundschaft heute, also zu Beginn des dritten Jahrtausends, bedeuten. Er beleuchtet das Thema von verschiedenen Seiten und befasst sich auch damit, was inzwischen alles neu hinzugekommen ist – zum Beispiel die virtuelle Freundschaft, die mithilfe elektronischer Medien gepflegt wird und ihre eigenen Besonderheiten mit sich bringt.

Ob in sozialen Netzwerken, Geschäftsbeziehungen oder Begegnungen im privaten Umfeld: Was das Glück der Freundschaft für das menschliche Leben bedeutet, kann sich Schmids Ansicht nach in verschiedenen Bereichen ausdrücken: Als Glück wird schon das bloße Dasein des Freundes oder der Freundin empfunden, also die Tatsache, dass es sie oder ihn überhaupt gibt. Zum Glück der Freundschaft gehören schöne Erfahrungen miteinander, die »vielen großartigen Stunden, die Freunde und Freundinnen miteinander verbringen.«

Glück ist nach Schmid das Gefühl füreinander, die innere Nähe, das Gespräch miteinander. Glück kann auch der Blick eines Freundes von außen sein.

Dabei ist eines von besonderer Wichtigkeit: »Der Freund starrt nicht auf meinen Status, er sieht vielmehr mein Potenzial und ich seines.«

Als besonders wertvoll beschreibt der Philosoph eine Freundschaft, die lange währt. Dabei hebt Wilhelm Schmid den unschätzbaren Wert hervor, mit einem Menschen alles, auch Heikles und Intimes, besprechen zu können.

Ebenso wichtig: »Die Selbstbestimmung des Anderen zu respektieren, ist das Grundelement der Freundschaft. Freundschaft ist keine Herrschaft.«

Dieses Buch regt dazu an, was auch Epikur empfohlen hat: Selbst weiterzudenken, sich seine eigenen Gedanken zu dem Thema zu machen – mit anderen Worten: Selbst zu philosophieren. Und genau das, was der Begriff in diesem Sinn bedeutet, gehört auch zum Wesen wirklicher Freundschaft: Sich auszutauschen, nachzufragen, unterschiedliche Meinungen zu vertreten, Meinungen ändern zu dürfen, zu differenzieren und in einem freundschaftlichen Gespräch den Gedanken freien Lauf zu lassen.

Freundschaft ist eines der großen Themen des Epikur. Und für dieses wie alle weiteren Kapitel gilt: Es gibt zu jedem Thema noch viele weitere Bücher, die ebenfalls empfehlenswert sind – und wer loszieht, um in einer gut sortierten Buchhandlung auf eigene Faust höchst eigene Entdeckungen zu machen, verhält sich bereits epikureisch! Das Motiv der Freundschaft findet sich häufig auch in der Kinderliteratur. Im folgenden Abschnitt geht es aber um einen Roman, der für Erwachsene geschrieben ist und der auch perfekt in das Kapitel über die *Magie des Bücherfindens* gepasst hätte. Denn dass auch Bücher Freunde sind und unter Freunden eine große Bedeutung haben können, davon erzählt der im Jahr 2000 in Frankreich erschienene Roman eines Autors, der in China geboren ist.

BALZAC UND DIE KLEINE CHINESISCHE SCHNEIDERIN

Der in Paris lebende Dai Sijie erzählt in seinem Roman *Balzac und die kleine chinesische Schneiderin* von der Freundschaft zwischen zwei Gymnasialschülern, die in China zur Zeit von Maos »Kulturrevolution« in den 1970er Jahren zur Umerziehung aufs Land verschickt werden. Die beiden Jugendlichen müssen harte körperliche Arbeit auf den Feldern leisten, weil ihre Eltern Akademiker sind und deshalb als »Feinde des Volkes« gelten. Das Schicksal, in diesem Exil festgehalten zu werden, droht den beiden Freunden für den Rest ihres Lebens – und nicht nur für die normalerweise üblichen zwei Jahre. Ohne einander und ohne ihre Freundschaft wären sie beide verloren in einer Welt, die ihnen feindselig gegenübersteht.

Mit dem Diebstahl eines versteckten Koffers voller Bücher beginnt für den namenlos bleibenden Erzähler und seinen Freund Luo ein Abenteuer, in dessen Mittelpunkt ein ebenso gefährliches wie faszinierendes Projekt steht: Sie wollen die Werke von Flaubert, Balzac und vielen anderen Autoren nacherzählen – und zwar für ein Mädchen, das sie »die kleine Schneiderin« nennen. Die kleine Schneiderin kommt aus bäuerlichen Verhältnissen und ist Analphabetin. Vor allem Luo ist in das Mädchen verliebt, doch auch der Ich-Erzähler hat für sie Gefühle.

Mit dem Plan der beiden jungen Männer, der kleinen Schneiderin Bildung nahezubringen, verändert sich alles. Das trostlose Leben an einem Ort der Gefangenschaft nimmt unerwartete Wendungen. Nach einigen erstaunlichen Erfolgen wird die Situation immer aberwitziger und komplizierter, und die Probleme spitzen sich zu.

Wie massiv kann die Kontrolle der älteren Generation die jüngere von ihrem eigenen Leben abhalten? Was bedeuten Gefangenschaft und Fremdbestimmung? Wie gelingt ein Leben in Freiheit? Es sind große Fragen, um die es in dieser Geschichte geht.

Das Ende des Romans ist wunderbar überraschend. Dazu an dieser Stelle nur soviel: Die Folgen des Findens und Lesens von Büchern sind unvorhersehbar und unberechenbar – so wie auch die Folgen von Freundschaft!

In diesem Kapitel ging es um Epikurs *Philosophie der Freundschaft*. Im nächsten Kapitel wird das Gegenprinzip davon vorgestellt, auf das Epikurs ganzes Werk als eine Art von Antwort ausgelegt werden kann.

Von dem, was die Weisheit
zur Seligkeit des ganzen
Lebens beiträgt, ist bei
weitem das Größte der
Besitz der Freundschaft.

EPIKUR

KAPITEL 3

WIE LÄSST SICH ANGST ÜBERWINDEN?

*E*s gehört offenbar zu den typisch menschlichen Schwächen, dass Feindseligkeiten sich verstärken, sobald Ängste ins Spiel kommen. Epikurs Philosophie setzt dem Dilemma menschlicher Angst einen Gedanken entgegen, der ebenso klug wie einfach ist: Das Ziel eines guten Lebens ist Glück im Sinne von Wohlbefinden. Grundlage des Wohlbefindens aber ist Seelenruhe, »Ataraxia«. Und nichts stört die Seelenruhe so sehr wie die Angst. Deshalb, so Epikurs logische Schlussfolgerung, ist Angst nicht nur ein, sondern *der* Feind des glücklichen Lebens.

Dass es nicht etwa Lebensumstände oder andere Menschen sind, die als feindlich gesehen werden, ist das Ausschlaggebende dabei. Denn sogar dann, wenn äußere Umstände oder andere Menschen Ängste auslösen, sind diese nach Epikur niemals die wirkliche Ursache des Leides. Vielmehr entlarvt der Philosoph drei Grundängste, auf die er alle anderen zurückführt: Die Angst vor dem Tod, die Angst vor Schmerzen und die Angst vor den Göttern – im Sinne überirdischer Mächte. Epikur hält all diese und somit überhaupt alle Ängste für überflüssig. Dabei argumentiert er folgendermaßen: Der Tod brauche Menschen nicht zu ängstigen, weil der physische Körper nur im lebendigen Zustand Empfindungen spürt. Ein starker Schmerz gehe in der Regel schnell vorbei, während ein leichter Schmerz zu ertragen sei. Die Angst vor den Göttern sei unbegründet, weil diese sich nicht in das Leben der Menschen einmischen.

Aus diesen Grundsätzen leitet Epikur sein sogenanntes »vierfaches Heilmittel« ab. Das sind vier Sätze, die als eine Art akutes Gegengift gegen Angstzustände wirken sollen. Epikur empfiehlt seinen Schülerinnen und Schülern, einige dieser

Sätze auswendig zu lernen, damit sie im Notfall immer abruf-
bereit sind. Dahinter steht die Beobachtung, dass Angstattacken Menschen häufig unerwartet überfallen und blitzschnelle
Abwehrmaßnahmen erfordern. Zum Beispiel durch einen Satz
in Kurzform, der wie ein Gegengift wirkt.

Dass Epikur solche Sätze in Kurzform zum Auswendig-
lernen formuliert hat, geht aus den Aufzeichnungen des Diogenes Laertius sowie aus Papyrusrollen hervor, die bei Ausgrabungen im Herculaneum in der Villa Papyri gefunden
wurden. Der Name »Tetrapharmakos« (im griechischen Original τετραφάρμακος) bedeutet soviel wie »vierfaches Heilmittel« und versteht sich als metaphorische Variante einer pflanz-
lichen Medizin. Ein auf Papyrus in Herculaneum gefundenes
»Rezept« empfiehlt die Formel: »Hab keine Angst vor den Göttern. Sorg dich nicht über den Tod. Das Gute ist leicht zu be-
schaffen. Das Schreckliche ist leicht zu ertragen.«

Angst kann lähmen oder blinde Wut hervorrufen. Ärger und
Ohnmachtsgefühle können Angst verstärken. Ein Teufelskreis
der Frustration kann die Folge von alledem sein. Frustration
führt dazu, dass Ventile zum »Dampf ablassen« gesucht oder
Mitmenschen zu »Schuldigen« erklärt werden. Dabei kann
sich das Ungeheuer Angst hinter unendlich vielen Masken verbergen – auch Phänomene wie die »Aufschieberitis« oder der
berühmte »innere Schweinehund« gehören zu ihren Erschei-
nungsformen. Angst lauert zudem häufig genau dort, wo uns
im Leben etwas besonders wichtig ist. Je mehr das Erreichen
eines Ziels bedeutet, desto bedrohlicher kann das Ungeheuer
Angst sein Haupt erheben. Feindbilder verlocken dazu, sich
über verborgene Ängste hinwegzutäuschen. Die Folgen in der

Geschichte der Menschheit sind allerdings hinlänglich bekannt: Sie heißen Leid, Gewalt und sogar Krieg.

Freundschaft im Sinne der Philosophie von Epikur bedeutet, darauf zu verzichten, andere Menschen oder Umstände für das eigene Befinden verantwortlich zu machen. Statt Sündenböcke für Zustände eigenen Unbehagens zu suchen, rät Epikur zur Förderung des eigenen Wohlbefindens und empfiehlt die Konzentration auf eigene Handlungsmöglichkeiten. Wie sich ein gutes Leben im Alltag realisieren lässt, darum dreht sich alles in Epikurs Lehre. Sie ist eine Philosophie der Selbstbestimmung, die auf praktische Umsetzung ausgerichtet ist. Was tun bei einer Angstattacke? Hinschauen ist der erste Schritt.

Epikur leitet seinen *Brief an Menoikeus* mit den Worten ein, dass zum Philosophieren niemand zu alt und niemand zu jung sei. Epikurs Auffassung nach soll Philosophieren »kinderleicht« sein, also unabhängig vom Alter oder vom Bildungsstand. Was Klarheit und Verständlichkeit bedeuten, das zeigt einleuchtend im wahrsten Sinne des Wortes ein Bilderbuch aus der Gegenwart.

DUNKEL

Dunkel von Lemony Snicket und Jon Klassen ist ein Bilderbuch aus dem Jahr 2013, das schon aufgrund seiner herausragenden künstlerischen Gestaltung auch für Erwachsene ein Tipp zur Förderung der guten Laune sein kann.

Die Geschichte handelt davon, wie die Angst vor Dunkelheit überwunden werden kann. Die Hauptperson ist ein Junge, der sich nachts im Bett fürchtet.

Für kleinere Kinder kann die Angst vor der Dunkelheit ganz direkt das Problem sein, für größere lässt sich diese Bildergeschichte auch metaphorisch lesen. Denn »dunkel« ist oder wirkt grundsätzlich alles, was wir nicht genau kennen oder was ungewiss ist. »Das Dunkel« ist nicht nur das, was wir nicht sehen, sondern kann auch etwas sein, das wir uns nicht erklären können.

Zu Epikurs Zeit war das insbesondere die Wetterfrage: Warum blitzt und donnert es? Heißt das, dass Zeus, der Göttervater, schlechte Laune haben könnte?

Nacht und Dunkelheit können als Bilder Zustände von Ungewissheit ausdrücken. Alles, was unbekannt, fremd oder neu ist, kann ängstigend wirken.

Das Bilderbuch *Dunkel* zeigt, wie es möglich ist, sich von Angst zu befreien. Das Prinzip ist ebenso klug wie einfach: Wer auf das Dunkel zugeht, findet eine Lösung. In diesem Fall ist dies tatsächlich eine Taschenlampe, die in einer Schublade liegt. Doch auch im übertragenen Sinn ist das Prinzip einfach: Wer genau hinschaut, bringt Licht ins Dunkel und besiegt damit die Angst. Das ist als Botschaft einleuchtend – im Fall dieser Geschichte sogar im wahrsten Sinne des Wortes. Denn es ist eine Taschenlampe, mit der in diesem Bilderbuch ein Junge Licht ins Dunkel bringt.

»Man muss in die Sache Licht bringen« ist auch die Ansicht einer international renommierten Psychotherapeutin und Bestsellerautorin bezüglich hilfreichen Strategien zur Angstauflösung.

SUSAN FORWARD

mit Donna Frazier

EMOTIONALE ERPRESSUNG

Wenn andere mit Gefühlen drohen

*E*rstmals 1997 erschienen ist das Buch *Emotionale Er-pressung* von Susan Forward, das in der amerikanischen Originalausgabe den Titel *Emotional Blackmail* trägt. Begriffe wie »Blackmail« und »Fog« wurden durch Susan Forwards Arbeit populär. Forward stellt fest, dass ein Nebel aus Angst-, Pflicht- und Schuldgefühlen entsteht, sobald durch emotionale Erpressung Druck ausgeübt wird. Es muss sich dabei übrigens nicht immer um eine Erpressung von außen handeln, sondern es gibt auch eine Art Selbsterpressung, wenn eigene Wünsche und Bedürfnisse zugunsten denen von anderen zu lange und zu oft zurückgestellt werden.

Der Nebel aus unklaren Gefühlen hat analog zum realen Nebel genau dieselbe Wirkung: Die Reduktion von Sinneswahrnehmungen. Auf Beziehungen aller Art wirkt dieser Nebel wie Gift, stellt Forward fest, und entlarvt Vernebelungstaktiken zugleich auch als wirkungsvollste Waffe bei Erpressungen. Das heilsame Gegengift dazu ist das Vertrauen in die eigene Wahrnehmung, die den »Nebel« auflösen kann.

Emotionale Erpressung ist eine subtile Angelegenheit, schleicht sich in der Regel langsam ein und schiebt sich vorzugsweise – und häufig subtil – dann in Beziehungen, wenn sie näher werden. Typisches erstes Symptom dafür ist ein gewisses Unbehagen, weil eine Person Druck auszuüben beginnt, um ihren Willen auch gegen Widerstand durchzusetzen. Hält dieses Verhalten an, steigern sich sowohl Druck als auch Widerstand. Die Folge ist die Steigerung eines Konflikts, was ab einem bestimmten Punkt zu Streit, Zerwürfnissen oder Depressionen des »gezwungenen« Teils führt. Eine solche Dynamik kann zwischen Eltern und Kindern in beide Richtungen möglich sein und sogar noch im Erwachsenenalter fortgesetzt werden. Ebenfalls häufig kommt das Phänomen in Partnerschaften sowie auch am Arbeitsplatz vor. Der Ablauf wiederholt sich nach einer Art Formel: Forderung, Widerstand, Druck, Drohungen – bis die Unterwerfung der erpressten Person folgt. Die fordernde Person hat ihren Willen zwar durchgesetzt. Der Preis ist jedoch eine Art »Einfrieren« der Beziehung, was auch deren Ende einleiten kann.

»Sobald man in die Region der emotionalen Erpressung eintaucht, ist man von den dicken Nebelschwaden der Gefühle umgeben, und die Fähigkeit, klar nachzudenken, geht verloren. Das Urteilsvermögen nimmt ab.« Susan Forward stellt fest, dass der Nebel alles durchdringt und Orientierungslosigkeit schafft. Er verschleiert alles, außer dem drückenden unangenehmen Gefühl, welches er erzeugt.

Jeder Mensch kennt dieses Trio der Gefühle von Angst-, Pflicht- und Schuldgefühlen, fasst Susan Forward die Thematik zusammen. Denn schließlich gehören das Einhalten von Verpflichtungen, ein Gewissen und ein gewisses Maß an Schuldgefühlen auch im positiven Sinn zu einem verantwortungsbewussten Verhalten und sind eine Voraussetzung menschlichen Miteinanders. Bei Erpressungen jedoch wird sozusagen die Lautstärke »hochgedreht«, sodass Erpresste früher oder später wider besseren Wissens entgegen ihrer eigenen Bedürfnisse handeln, nur um die höchst unangenehmen Gefühle des »Nebels« wieder auf ein normales Maß zurückzuschrauben. Das Muster des Unbehagens zwingt zum Nachgeben, doch jedes Nachgeben verstärkt die Forderungen in der Regel noch weiter. Susan Forward nennt dabei Schuldzuweisungen die »Neutronenbombe« des Erpressens. Beziehungen aller Art werden durch sie »schockgefroren«, denn emotionale Stabilität ist unmöglich, solange ein Nebel aus Angst-, Pflicht- und Schuldgefühlen das Leben beherrscht. Der Nebel umgeht den Gedankenprozess. Und genau den gilt es wiederzufinden. Susan Forward stellt Techniken vor, um den Nebel aufzulösen. Die Kraftversicherung »Ich kann das aushalten« gehört ebenso dazu wie die Aufforderung »Üben, üben, üben…«

Genau das ist es, was auch Epikur empfiehlt. Hinschauen löst Angstnebel auf. Dazu ist das Vertrauen in die eigene Wahrnehmung Voraussetzung. Im »Ernstfall« aber muss die Abwehrstrategie schon bereit sein. Und ohne Übung klappt es nicht. Um Übungen zur Abwehr von nebulösen Wesen, die Lebensfreude vernichten, geht es in folgendem zauberhaften Werk aus der phantastischen Literatur.

JOANNE K. ROWLING

HARRY POTTER

Würde Epikur *Harry Potter* lesen? Jedenfalls hätte dem Philosophen eine Erfindung von Romanautorin Joanne K. Rowling gefallen können: Der »Patronus-Zauber«, der in *Harry Potter und der Gefangene von Askaban* (1999) vorgestellt wird, dem dritten Band der Harry Potter-Reihe. Dort tauchen in Kapitel 20 phantastische Wesen auf, die Menschen jede Hoffnung und Lebenskraft rauben können, die »Dementoren«. Als Gegenzauber zum »Kuss des Dementors«, lernt Harry den »Patronus-Zauber«, mit dem er einen magischen Hirschen zu seinem Schutz erschaffen kann.

Der einfachere Teil dieses Zaubers ist das Aufsagen einer Formel, nämlich den lateinschen Satz: »Expecto patronum«, der sich übersetzen lässt mit: »Ich erwarte eine Schutzmacht«. Der schwierigere Teil ist, sich dabei auf ein früheres Glücksgefühl zu konzentrieren. Denn genau das ist häufig ausgerechnet in jenen Momenten besonders schwierig, in denen es dringend notwendig wäre. Je nachdem, wie gut der Zauber gelingt, kann das Ergebnis bei Harry Potter entweder nur wirkungsloser dünner Nebel werden oder aber eine persönliche Schutzgestalt, vor deren Macht ein jeder Dementor fliehen muss. Für Harry Potter selbst ist diese Gestalt ein Hirsch, für andere Figuren aus den Potter-Romanen sind es andere Tiergestalten wie zum Beispiel ein Wiesel oder eine Katze.

Nach einem dem Patronus-Zauber verblüffend ähnlichem Prinzip erklärt der Philosoph Epikur die Wirkung seines bereits erwähnten »vierfachen Heilmittels«: Wenn eine der drei schlimmsten Ängste auftaucht, ist es wichtig, dass der hilfreiche »Zauberspruch« bereits präsent, also sofort abrufbar ist. Sonst könnte es nämlich zu spät sein! Denn die Seelenruhe ist schnell dahin – und wenn sie erst einmal verschwunden ist, ist sie schwer wiederherstellbar.

Das Resultat einer Angstattacke lässt sich mit dem »Kuss des Dementors« gut vergleichen: Es sind Ängste, die Menschen lähmen. Ängste können sich wie dunkle gespenstische Gestalten nähern und alles verschlucken, was schön ist: Lebensfreude, Vergnügen, Mut.

Dieser Sog wird häufig unterschätzt. Doch es sind Ängste, die Menschen von notwendigen Taten zur Verwirklichung ihrer Ziele abhalten. Es sind Ängste, die Menschen daran hindern, ihr eigenes Leben zu führen oder es zu genießen. Dabei können Ängste aus dem eigenen Inneren kommen oder von außen geschürt werden – durch wen oder wodurch auch immer.

Die Liste der möglichen Ängste mag unendlich sein. Doch einige davon sind schlimmer als alle anderen. Diese Art von Ängsten verkörpern in der Welt von Harry Potter die Dementoren. Und der Verteidigungszauber bedeutet: Wer einen »Patronus« zaubern kann, vermag sich zu schützen vor der Überwältigung durch Angstattacken. Ein starkes Bild, ein Symbol, das stets präsent ist, hilft und schützt schon im Moment des Überfalls. Doch nur, wenn es sofort abrufbar ist, kann es wirken. Dabei ist auch die Abwehr von Angstattacken Frage der Übung. Das lebt uns der Zauberlehrling Harry Potter abenteuerlich vor:

>*Harry hatte ein dumpfes flaues Gefühl im Magen, und unversehens überfiel ihn wieder die Hoffnungslosigkeit, die ihn den ganzen Sommer über geplagt hatte.*«

Diese Beschreibung von Harrys Gemütslage stammt aus dem ersten Kapitel von *Harry Potter und der Orden des Phönix* (2003). Ein paar Seiten später heißt es dann:

>*Solch wilde Gedanken wirbelten durch Harrys Kopf, und seine Eingeweide verknoteten sich vor Zorn, während eine schwüle, samtene Nacht sich über ihn senkte, in der die Luft schwer war vom Geruch warmen, trockenen Grases und einzig das leise Rauschen des Verkehrs auf der Straße hinter den Parkgittern zu hören war.*«

Es lässt sich bereits ahnen: Ein Dementor nähert sich! Wie diese Figur beschrieben wird, das lässt sich auch als Metapher interpretieren – als ein unmittelbar verständliches Bild für das so schwer mit Worten zu beschreibende Gefühl des Angstüberfalls.

>*Eine mächtige schwarze Gestalt, in einen Kapuzenumhang gehüllt, unter dem weder Füße noch Gesicht zu erkennen*

*waren, glitt sanft über den Boden schwebend auf ihn zu und
sog die Nacht in sich ein.«*

Und dann geschieht etwas, was eine typische Folge von solchen
Momenten sein kann: Harry Potter stolpert. Damit könnte alles zu Ende sein – wenn er als Zauberschüler nicht schon darauf vorbereitet wäre, blitzschnell zu reagieren.

So hebt er sofort den Zauberstab und ruft den magischen
Satz: »Expecto patronum!«

Doch das Ergebnis ist beim ersten Versuch noch keineswegs
wirksam:

> *»Ein silbriger Dunstfaden schoss aus der Spitze des Zauber-
> stabes, und der Dementor wurde langsamer, doch der Zau-
> ber hatte nicht richtig gewirkt. Der Dementor neigte sich zu
> Harry hinunter, und Harry wich, über seine eigenen Füße
> strauchelnd, weiter zurück, während Panik ihm das Gehirn
> vernebelte – konzentrier dich – «*

Genau das ist offenbar das Schwierige – und lässt sich als typi-
scher Begleiteffekt einer Angstattacke interpretieren. Mit weiteren Folgen: Ein »graues, schleimiges, schorfiges Paar Hände«
gleitet aus dem Umhang des Dementors hervor und greift nach
Harry, dessen Ohren ein Rauschen erfüllt.

Harry ruft noch einmal: »Expecto patronum!« Er versucht
dabei, an etwas Glückliches zu denken. Doch wenn er den
»widerlichen, todeskalten Atem des Dementors« riecht, dann
scheint es nirgendwo mehr auch nur ein Fünkchen Glück zu
geben.

Mit äußerster Willensanstrengung und indem er all seine Kraft noch einmal zusammennimmt, ruft Harry schließlich ein drittes Mal: »EXPECTO PATRONUM!«

Und erst dieser dritte Versuch hat endlich Erfolg:

> *»Ein gewaltiger silberner Hirsch brach aus der Spitze von Harrys Zauberstab hervor; seine Geweihenden trafen den Dementor dort, wo das Herz hätte sein sollen; er wurde zurückgestoßen, schwerelos wie die Dunkelheit, und als der Hirsch zum Angriff ansetzte, huschte der Dementor, fledermausgleich, geschlagen davon.«*

Der Effekt des »Patronus-Zaubers« lässt sich in vieler Hinsicht mit dem Prinzip vergleichen, das Epikur als Heilmittel gegen die Angst empfohlen hat. Doch ob Glück oder Wohlbefinden das Ziel ist oder ob es um das Erreichen von anderen Zielen geht: Im menschlichen Leben können Momente auftauchen, in denen jede Hoffnung schwindet. Was es bedeutet, angesichts solcher Situationen im Zustand von Lähmung zu erstarren, das drückt Joanne K. Rowling insbesondere in den Bänden fünf und sieben der Reihe Harry Potter aus – in denen sie den »Cruciatus-Fluch« vorstellt. »Cruciare« ist das lateinische Verb für kreuzigen. Eine Kreuzigung ist ein Bild für den Zustand absoluter Lähmung.

In der Welt von Harry Potter gilt der »Cruciatus-Fluch« als der gefährlichste und schlimmste von allen, weshalb Schuldirektor Albus Dumbledore besondere Schutzmaßnahmen dagegen anordnet.

Zustände, Emotionen und Herausforderungen des Lebens hat Joanne K. Rowling mit starken Figuren und Szenen ein-

drucksvoll visualisiert. Eine Kreuzigung ist ein Bild für den Zustand absoluter Lähmung. Das lässt sich metaphorisch als das
Gegenteil von Handlungsmöglichkeiten begreifen. Wer aber
aller Handlungsmöglichkeiten beraubt scheint oder sich dafür
hält, erlebt emotional eine der schlimmsten Folterqualen überhaupt: Ohnmacht.

Ohnmachtsgefühle können Menschen davon abhalten, zu
tun, was notwendig ist, um ein selbstbestimmtes Leben zu führen und eigene Projekte und Ziele zu verwirklichen. Der »Cruciatus-Fluch« beschreibt ein Gefühl, das zutiefst menschlich
ist. Ist der Zustand erst einmal eingetreten, ist er nur schwer
wieder zu überwinden. Ob Angstbewältigung gelingt, hängt in
der phantastischen Welt der Harry-Potter-Romane ebenso wie
in Epikurs Philosophie von »Zaubersprüchen« ab.

Zauberworte wirken in der Welt von *Harry Potter* dann,
wenn sie genau passen, also sozusagen maßgeschneidert sind:
Der »Patronus-Zauber« funktioniert nur mit der individuell
richtigen Schutzgestalt. Dasselbe Prinzip lässt sich auch auf
Epikurs Methode zur Angstabwehr übertragen. Es kann ein
Satz sein, eine Zeile, ein Wort, ein Bild. Manchmal lässt sich
was Passendes im Außen finden. Doch die Instanz, die »weiß«,
ob es tatsächlich »stimmt«, ist irgendwo im Innern – dort, wo
auch die Kreativität und die Ideen wohnen. Und Erinnerungen,
aus denen Geschichten werden können.

DORIS DÖRRIE

LEBEN, SCHREIBEN, ATMEN

Eine Einladung zum Schreiben

*D*as Buch *Leben, Schreiben, Atmen* (2019) von Doris Dörrie lädt ein zum Selbsterfinden, zum Selbstformulieren und zum Finden von Erinnerungen. In jedem Kapitel erzählt Doris Dörrie zunächst eine eigene Geschichte, danach stellt sie Ideen vor, mit denen neue Geschichten auf die Welt kommen können.

So folgt der Geschichte über einen verlorenen Haustürschlüssel zum Beispiel die Empfehlung: »Schreib über Verlorenes. Wann ist etwas wirklich verloren? Was vermisst du? Verlust ist unser aller Thema. Wenn wir uns daran erinnern, bekommen wir das Verlorene zwar nicht in der realen Welt zurück, aber wir bekommen uns zurück. Mit allem Schmerz, aber der Schmerz ist Vergangenheit. Es geht nicht darum, ihn wiederzubeleben, sondern ihn zu erobern und etwas Neues aus ihm entstehen zu lassen.«

Die Themen, um die es hier geht, sind Themen, die auch in Epikurs Philosophie eine zentrale Rolle spielen: Tod, Freundschaft, Schmerz und Angst gehören dazu. Dabei stellt sich die Frage, wie Erinnerungen zu Geschichten werden. Zunächst einmal kann alles zum Schreiben inspirieren, sogar tiefgekühlte Erbsen. Doch wer sind wir mit all dem, was uns umgibt? Was ist unsere Identität?

Doris Dörrie drückt es im Anfangsteil ihres Buches so aus: »Wir sind alle Geschichtenerzähler. Vielleicht macht uns das zu Menschen. Vielleicht haben wir auch nur keine Ahnung, welch großartige Geschichtenerzähler Katzen und Dromedare sind.« Sie setzt hinzu: »Wir alle sind Fiktion, aber das glauben wir nicht, weil wir uns mitten in ihr befinden wie in einem Fortsetzungsroman.«

Die Erzählerin der Geschichten dieses Buches schreibt aus verschiedenen Perspektiven, verschiedenen Lebensphasen, abwechselnd sowohl in der Ich-Perspektive als auch in der dritten Person. Und was anfangs wie eine leichtfüßige Skizze wirkt, verdichtet und vertieft sich mit jeder Geschichte ein Stück mehr zu einem kunstvoll gewebten Ganzen.

Was bedeutet es, wenn eine Bäckerin aus Avignon zu einem Teenager aus Deutschland »mein kleines Sauerkraut« sagt – das Mädchen aber nicht ganz sicher ist, ob sie auch wirklich alles richtig versteht? Es kommt dabei nicht nur auf Sprachkenntnisse, sondern auch auf die Vorgeschichte an – in diesem Fall nicht nur von den beteiligten Personen, sondern auch von deren Herkunftsländern: Deutschland, Frankreich…

Wovon erzählt ein Kleid? Was zählt bei einer Schwimmprüfung, wenn der Gedanke an den Sprung vom Einser-Brett akute Todesangst auslöst? Was heißt es eigentlich, im Angesicht von Todesangst ganz schnell zu schummeln und damit tatsächlich zu überstehen, was undenkbar scheint?

Angst ist ein Thema, das in all diesen Geschichten wiederkehrt – Angst vor dem Schmerz. Angst vor dem Tod. Angst vor dem Verlust geliebter Menschen. Doch das Leben geht immer weiter – trotz Angst, mit Angst und durch jede Angst hindurch. Und genau darauf kommt es an. Ein Weg, ein Lebensweg ist nie vorhersehbar, weil er von jedem Mensch nur selbst erfunden und gestaltet werden kann.

So endet dieses Seite für Seite aufs Neue überraschende Buch mit einer Bemerkung, die sich auf das Schreiben bezieht: »Man taucht ab in das eigene Leben. In das Leben, das man wirklich hat, nicht das, das man sich vielleicht wünscht. Man ist mit einem Mal dort, wo einem niemand zuschaut. Ganz bei sich. Ruhig weiteratmen! Weiterschreiben. Weitermachen. Jeder Tag ist ein guter Tag. Ha!«

Ein »Ha!« wie dieses, ein Wort, das ganz persönlich wirkt, das kann für jeden Menschen unterschiedlich klingen. Es kann sich laut trompeten lassen oder eher wie ein leises Lachen sein. Es kann im eigenen Inneren aufwachen oder auch irgendwo da draußen in der Welt aufblitzen. Im rechten Augenblick zur Stelle sein kann es nur, wenn es irgendwann zuvor gefunden wurde. Es aufzuschreiben, kann ein erster Schritt zum Zaubern sein.

Die Kunst zu leben hat
mit der Fechtkunst mehr
Ähnlichkeit als mit der
Tanzkunst, weil man auch
auf unvorhergesehene
Streiche vorbereitet sein
und darauf unerschüttert
reagieren muss.

MARC AUREL

Wir müssen unsere
Sinneswahrnehmungen
beobachten und unsere
Reaktionen darauf
überprüfen.

EPIKUR

KAPITEL 4

WOHNT DAS GLÜCK IM GARTEN?

»Auch Apollodor, der Gartenherrscher, war berühmt und hat über 400 Bücher geschrieben«, berichtet Diogenes Laertius. Der Garten des Epikur war ein realer Raum. Es war ein außergewöhnlicher Ort, weil der Zutritt zu dieser Philosophenschule unabhängig von Herkunft und Geschlecht möglich war. Selbstversorgung durch Gemüse und ein kleiner finanzieller Beitrag in Form von Schulgeld waren die Basis davon, denn sie ermöglichten die Unabhängigkeit der Gartenbewohner.

Epikur empfiehlt die Bescheidenheit und das einfache Leben. In einem Brief an einen Freund schreibt er: »Schicke mir etwas Topfkäse, damit ich einmal lecker essen könne, wenn ich Lust habe«.

Diogenes Laertius berichtet von einem Mann namens Diokles, der »im dritten Buch seiner Streiferei« schreibe, dass die Gemeinschaft in Epikurs Garten aufs Wohlfeilste und Einfachste gelebt hätte. »Sie waren, sagt er, mit einem kleinen Weinbecher zufrieden und jedes Wasser war ihr Trunk.«

Dies gibt nicht nur einen Eindruck davon, dass Epikurs Philosophie keineswegs Ausschweifungen aller Art oder Schlemmereien propagiert, sondern im Gegenteil das einfache Leben empfiehlt, um in Freiheit zu leben. Es spricht weniger Selbstzweck daraus als Vernunft, wenn Epikur das Prinzip in folgendem Satz auf den Punkt bringt: »Der größte Reichtum von allem ist die Unabhängigkeit von allem Äußeren.«

Es hatte also ganz praktische Gründe, dass Epikurs Schule in einem Garten lag. Der Begriff des Gartens ist außerdem eine Metapher. Es ist kein Zufall, dass das Paradies als »Garten Eden«, als Inbegriff des Glücks, beschrieben wird. Der Paradiesgarten scheint die positiven Aspekte von allen Gegensätzen zu vereinen: Die Schönheit und Lebendigkeit der Natur – ohne deren Bedrohlichkeiten und Gefahren, die Geborgenheit und den Schutz eines Ortes, der von Menschenhand gestaltet wurde.

Immer wieder haben auch Schriftsteller, wie zum Beispiel Hermann Hesse oder Hugo von Hofmannsthal, die Ähnlichkeit hervorgehoben, die zwischen dem Bestellen eines Gartens und anderen Formen der schöpferischen Gestaltung besteht.

Einen Garten zu bestellen bedeutet auch, auf der Erde zu sein und mit dem Alltag und all seinen Mühen und Plagen konfrontiert zu sein. Diesem Alltag auf der Erde, das tägliche Leben im Unterschied zur Welt des Geistes in der Theorie, widmete Epikur seine besondere Aufmerksamkeit. Realität beinhaltet, dass alles anders kommen kann als geplant. Für die Überraschungen des Lebens gerüstet zu sein, gehört zur epikureischen Haltung. Epikurs Schüler lernten seine Lehrsprüche auswendig, damit sie in jeder Situation sofort abrufbar waren. Denn diese Philosophie wollte alltagstauglich sein.

Der Gründungsmythos von Athen erzählt von einem Wettstreit zwischen Poseidon und Pallas Athene. Poseidon brachte der Menschheit ein Pferd. Athene pflanzte einen Olivenbaum. Da das Öl der Olive nicht nur zum Kochen verwendet werden kann, sondern auch zum Einölen der Haut und als Brennstoff für Lampen, wurde Athenes Geschenk als das beste befunden und ihr wurde die Stadt Athen geweiht. Olivenbäume wachsen dort überall, auch heute noch. Sind Philosophengärten Olivenhaine? Wie Epikurs Garten tatsächlich ausgesehen haben könnte, lässt sich nicht wirklich rekonstruieren. Doch es gibt ein Kapitel in einem Buch, in dem eine Schriftstellerin und Gartenliebhaberin versucht hat, sich diesen Ort im Detail vorzustellen.

GARTENGESCHICHTEN

*D*ie Schriftstellerin Eva Demski hat zwar keine Spuren von Epikurs Garten finden können, sondern nur allgemeine Hinweise, wie den von Johannes Mewaldt, der schrieb, der Kepos (= das griechische Wort für Garten) sei »auffallend schön« gewesen. Eva Demski hat recherchiert, dass die historische Stadt Athen zu Zeiten Epikurs von einem Grüngürtel umgeben war. Sie stellt sich vor, welche Pflanzen in Epikurs Garten eine Rolle gespielt haben könnten: Feigen gehören unbedingt dazu, weil sie einen ausladenden tiefen Schatten spenden und gut duften.

Wege könnten durch den Garten geführt haben, weil Diogenes Laertius diese für Philosophengärten allgemein beschreibt. Lorbeerbüsche könnten kleine, versteckte Bereiche abgeschirmt haben. Die Myrte war in der Antike allgegenwärtig, weil ihre fedrigen Zweige viele Heiligtümer schmückten – und ihre winzigen Blättchen zerrieben einen sandelholzartigen Duft verbreiten. Nuss- und Obstbäume hält Eva Demski für ebenso unerlässlich wie einen Weinstock und Sitzgelegenheiten – gemauerte Bänke wahrscheinlich und steinerne Tische. Und es muss eine Mauer als Begrenzung gegeben haben, die aus gebrannten Ziegeln gewesen sein könnte.

Wie immer der Garten des Epikur tatsächlich ausgesehen haben mag, Eva Demski hebt den großzügigen Platz hervor, der wichtig war und ist: Für den Besuch von Freunden und für die Suche nach dem Glück. Deshalb bedauert sie das Fehlen von epikureischen Gärten in der Gegenwart – auch für das Fach, das sie selbst einmal »ein paar Semester zu studieren versucht« hat: Philosophie. Die Schriftstellerin macht aus dieser persönlichen Erfahrung heraus einen feinen Unterschied zwischen dem Hauptwort »Philosophie« und dem Verb »Philosophieren«. Für Letzteres gibt sie eine Empfehlung ab:

> »Bis heute scheint mir ein Garten der ideale Ort dafür zu sein. Manches relativiert sich, wenn man es angesichts großer, alter Bäume oder verwelkter Blumen denkt.«

Glück, Wohlbefinden oder auch das, was wir »gute Laune« nennen, wird auch davon beeinflusst, wie die Umgebung ringsum aussieht. Michael Sowa zeigt in einer Illustration von Epikurs Garten einen Philosophen im Chiton, der unter einem blauen Himmel lesend auf einer Liege ruht, vor ihm zwei Amphoren mit Henkeln, im Hintergrund Freunde. Ein Garten als Ort des Glücks.

Dabei regt in dem Buch *Gartengeschichten* (2009) nicht nur das Kapitel »Epikurs Garten« zum Philosophieren an. Es sind ganz unterschiedliche Porträts von Gärten und Menschen, die hier vorgestellt werden, und in denen sich Geschichten ganzer Generationen, Städte und Regionen spiegeln. Wenn der Garten als Grundkonzept ein Bild des Friedens verkörpert, leben Eva Demskis Gartengeschichten insbesondere vom Kontrast dieser Idee zur Unruhe und Unvollkommenheit der Welt.

Denn Eva Demski zeigt Gärten immer wieder auf eine andere, unerwartete Art und Weise. Eindrucksvoll beschreibt sie die Stimmung von Gärten nach dem Bosnienkrieg im Frühling 1996 in einer zweigeteilten kleinen Stadt, in der uralte Kirschbäume blühen. Sie erzählt von Hecken und Gärten, von Misanthropen, die überraschend fürsorglich sind. Und von Geheimnissen aus Gärten, die längst verschwunden sind.

Das Buch *Gartengeschichten* ist eines von jenen, die sich auch bestens dafür eignen, unterwegs auf kleineren oder größeren Reisen immer wieder eine davon zu lesen. Die Gartenporträts regen an, zu philosophieren – nicht nur über Gärten.

Dass Gärten für die Suche nach dem Glück eine besondere Rolle spielen, geht auch aus einer Reihe von weiteren Büchern hervor. Hier folgen einige Beispiele.

DAS GLÜCK WOHNT IM GARTEN

*G*ut mitnehmen und unterwegs lesen lässt sich schon seines Miniaturformates wegen auch dieses Büchlein, in dem Texte unterschiedlicher Dichter und Schriftsteller zum Thema Garten zusammengestellt sind. Einer davon ist folgende – häufig als japanischen oder chinesischen Ursprungs zitierte – Weisheit aus unbekannter Quelle:

> *»Willst du eine Stunde glücklich sein, so betrinke dich. Willst du für drei Tage glücklich sein, heirate. Willst du für acht Tage glücklich sein, schlachte ein Schwein und gib ein Festessen. Willst du ein Leben lang glücklich sein, so schaffe dir einen Garten.«*

Der Zauber besonderer Augenblicke in Gärten weht durch diese Sammlung unterschiedlicher kurzer Texte unter dem Titel *Das Glück wohnt im Garten* (2015) mit Illustrationen von Marjolein Bastin. Von einem Ausflug mit Goethe in dessen Garten, weiß Johann Peter Eckermann anschaulich zu berichten. Von einem besonderen Birnbaum handelt das Gedicht *Herr von Rib-beck auf Ribbeck im Havelland* von Theodor Fontane. Rainer Maria Rilke, Theodor Storm, Bertolt Brecht oder Oscar Wilde erzählen, wie Gärten auf sie wirken. Sie alle stellen Gärten dar als Umgebung, die Glücksgefühle hervorzurufen vermag.

Dass dabei die Größe des Gartens nicht das Entscheidende ist, darum geht es in einem Text von Hugo von Hofmannsthal:

>»*Es ist ganz gleich, ob ein Garten klein oder groß ist. Was die Möglichkeiten seiner Schönheit betrifft, so ist seine Aus-dehnung gleichgültig, wie es gleichgültig ist, ob ein Bild groß oder klein, ein Gedicht zehn oder hundert Zeilen lang ist. Die Möglichkeiten der Schönheit, die sich in einem Raum von fünfzehn Schritt im Geviert, umgeben von vier Mauern, entfalten können, sind einfach unmessbar. Es können im Hof eines Bauernhauses eine alte Linde und ein gekrümmter Nussbaum beisammenstehen und zwischen ihnen im Rasen durch eine Rinne aus glänzenden Steinen das Wasser aus dem Brunnentrog ablaufen, und es kann ein Anblick sein, der durchs Auge hindurch die Seele so ausfüllt wie kein Claude Lorrain. Ein einziger alter Ahorn adelt einen ganzen Garten, eine einzige majestätische Buche, eine einzige riesige Kastanie, die die halbe Nacht in ihrer Krone trägt.*«*

Die Überschaubarkeit eines kleinen Gartens scheint bezüglich des damit verbundenen Arbeitsaufwandes zunächst ein Vorteil zu sein, kann sich aber auch als Herausforderung ungeahnten Ausmaßes entpuppen, wie das nun folgende Beispiel zeigt.

JAKOB AUGSTEIN

DIE TAGE DES GÄRTNERS

Vom Glück im Freien zu sein

*G*ärten sind schön. Mit Gärten sind positive Vorstellungen verbunden. In der Vorstellung des Städters ist der Garten ein Ort der Sehnsucht, in dem die Welt noch in Ordnung ist, während draußen das Leben tobt. Der Publizist Jakob Augstein plant, einen Garten anzulegen und hat Bilder davon im Kopf, was diesen alles bezaubernd machen würde. Dazu gehören blassblaue Blumen mit hellgelben Augen, die Schneestolz heißen und im Frühling ihre Spitzen zeigen. Der Plan sieht vor, eigenhändig 200 Quadratmeter Natur in eine Idylle zu verwandeln. Dieses Ziel scheint zunächst klar, präzise und in sich stimmig – so wie die fertige Gesamterscheinung des Buches *Die Tage des Gärtners* (2011) in der eleganten graphischen Gestaltung von Nils Hoff:

> *»Strahlende Blumen, prangende Blätter, stolze Stauden, all*
> *das ist herrlich anzusehen. In der Nase haben wir den süßen*
> *Duft der Rosen und den betörenden Odem des Geraniums.*
> *Und in unseren Ohren klingt heiter der Gesang der Vögel,*
> *das lustige Quaken der Frösche, ja, und auch die stillen Ge-*
> *spräche der Fische. Also, es ist eine Lust, im Garten zu sein.«*

Doch die Umsetzung konfrontiert den Gärtner in seiner An-
fangszeit mit einer Überraschung nach der anderen. Er stellt
fest, dass der Weg zu seinem Ziel gesäumt ist von Arbeit,
Schweiß und schlaflosen Nächten. Resümee: Einen Garten an-
zusehen ist schön, die Realität jedoch ist ernüchternd. Denn
einen Garten anzulegen und zu pflegen, das bedeutet zunächst
insbesondere eines: harte Arbeit, und zwar über einen langen
Zeitraum.

Es beginnt mit der Analyse des Bodens im Herbst. Denn was
im Herbst versäumt wird, ist im kommenden Jahr kaum wieder aufzuholen. Der Gärtner geht sorgfältig vor, prüft alles von
Grund auf und scheut keine Mühe. Doch so genau er auch geplant und alles vorbereitet hat, bei der praktischen Umsetzung
seiner Ideen fällt Jakob Augstein immer wieder ein Gedicht
von Bert Brecht ein:

> *»Ja, mach nur einen Plan*
> *Sei nur ein großes Licht*
> *Und mach dann noch 'nen zweiten Plan*
> *Gehen tun sie beide nicht.*
> *Denn für dieses Leben*
> *Ist der Mensch nicht schlau genug.«*

Nach den Jahreszeiten eingeteilt, entpuppt sich ausgerechnet das Kapitel »Sommer« als besonders tückisch. Denn hier wird ein Kampf mit einem Giersch zu einem hochdramatischen Ereignis. Ein Giersch, das ist ein Doldenblütler mit dem botanischen Namen *Aegopodium podagraria* – was Jakob Augstein bildreich übersetzt mit »gichtheilender Ziegenfuß« und informativ ergänzt: Es handelt sich um eine alte Heilpflanze, sie ist vitaminreich, auch als Salat geeignet und soll gegen Gelenkschmerzen helfen. Doch diesen wunderbaren Eigenschaften gegenüber bleibt in diesem Fall der Gärtner gleichgültig. Denn der Giersch breitet sich aus wie ein Netz, das sich wuchernd wandernd überall hinbewegt und alles unter sich begräbt. Wer beim Herausreißen auch nur ein noch so kleines Stück des weißlichen Rhizomfadens in der Erde übersieht, muss feststellen, dass alle Mühe umsonst war.

Erst der Balkan-Storchschnabel, *Geranium macrorrhizum*, »mit seinen träumerisch duftenden pelzigen Blüten« kann schließlich den schlimmsten Feind des Gartens besiegen – weil er nämlich auch selbst Rhizome bildet. Drei Jahre lang hat es in diesem Fall gedauert, bis der Giersch besiegt war, drei Jahre mühseliger Handarbeit mit einer kleinen Schaufel.

In diesem Buch geht es darum, dass Gärtnern keine leichte Sache ist. Statt bloßer Schwärmerei wird von Begleiterscheinungen berichtet. Die tauchen offensichtlich genau dann auf, wenn Träume in die Tat umgesetzt werden. In diesem Fall gehören dazu ein schmerzender Nacken, Muskelkater, steife Finger und die zuweilen niederschmetternde Erkenntnis: Das Jäten, das Kriechen, das Schneiden und das Zupfen können Gärtner zum Aufgeben bringen.

Dieses Phänomen begegnet uns Menschen auf dieser Erde nicht nur beim Anlegen eines Gartens. Denn kaum ein größeres Ziel oder Vorhaben, das wirklich viel bedeutet, ist grundsätzlich einfach und mühelos zu erreichen. Den Aufwand an Zeit und Energie, der für Realisierungen erforderlich ist, unterschätzen wir häufig beträchtlich. Dies gilt insbesondere dann, wenn uns etwas neu ist. In Gedanken geht alles leicht. Doch ein Garten, auch jeder noch so paradiesische, liegt immer auf der Erde – dem Planeten mit der Schwerkraft und dem harten Boden. Sobald wir Menschen ein Ziel anstreben, tauchen in der Regel Hindernisse auf. Zustände der Unsicherheit, des Übergangs oder des Unfertigen können unerwartet länger dauern, als wir uns das vorgestellt haben. Dies ist Teil des Lebens, der menschlichen Geschichte sowie auch der Natur. In einer spielerischen Art und Weise, die auch Kinder unmittelbar verstehen, erzählt davon folgendes Bilderbuch, das ebenfalls von Ereignissen in einem Garten handelt.

ERIC CARLE

NUR EIN KLEINES SAMENKORN

Das kleine Samenkorn als Hauptfigur wird zunächst verglichen: mit größeren Körnern, die auf den ersten Blick bessere Chancen zu haben scheinen. Doch der Schein trügt, denn die einen werden vom Wind weit nach oben getragen, und so schön und abenteuerlich dies auch scheint, es drohen überall Gefahren. Tiere können die Körner mitnehmen und ein Stück weit transportieren, aber sie können sie auch fressen. Samenkörnern kann unterwegs viel passieren. Sie können ins Wasser fallen und verdorren oder gerade zu einer kleinen Pflanze herangewachsen sein, dann aber abrupt gepflückt werden.

Eric Carles Bildergeschichte aus dem Jahr 1970 erzählt von einem Samenkorn, das überlebt in einer Welt voller Gefahren. Am Ende wächst es zu einer schönen Blume heran, die Teil eines Gartens ist. Kurz, leicht und voller Farbenpracht schwebt diese Geschichte daher und transportiert dabei ein großes Thema: die Ungewissheit, die auch jede menschliche Reise von der Geburt bis zum Tod begleitet.

Wenn Zeiten des Übergangs und der Unsicherheit längere Zeit dauern, kann auch dies Ängste auslösen. Denn Ungewissheit ist nicht immer leicht zu ertragen. Dabei können gerade solche Zeiten der Anfang des Philosophierens sein. Vielleicht auch bei Spaziergängen durch Gärten.

PENELOPE HOBHOUSE

DER GARTEN

Eine Kulturgeschichte

*W*as Gärten in der Geschichte der Menschheit bedeuten, das zeigt die Gartenarchitektin Penelope Hobhouse auf einzigartige Art und Weise in ihrer Kulturgeschichte des Gartens, die erstmals 2003 erschienen ist – deren englische Ausgabe 2019 in einer Neuauflage, zusammen mit Ambra Edwards, aktualisiert wurde. In welcher Version und Sprache auch immer: Der mit dem Wort »opulent« nur unzureichend beschreibbare Prachtband lädt ein zu Reisen in Gärten verschiedenster Zeiten und Kulturen, darunter die hängenden Gärten Babylons, die Gärten des antiken Griechenlands und Roms, islamische Gärten, Klostergärten des Mittelalters, Gärten der Renaissance, französische Barockgärten, englische Landschaftsgärten, Gärten chinesischer Mandarine – in ihrer ganzen Blüte.

Die Illustrationen zu diesem Spaziergang durch Zeiten und Räume sind ein Fest für die Sinne – möglicherweise mit Nebenwirkungen. Es könnte die Lust auftauchen, sich selbst nach

draußen aufzumachen oder gar auf Reisen zu begeben! Eine
Fülle von Anekdoten, deren Quellen sorgfältig recherchiert
sind, lässt weit entfernte Orte und deren Bewohner lebendig
werden – darunter die kühlenden Fontänen der Alhambra, im-
posante Palastgärten sowie all die Abenteurer, die ihr Leben
aufs Spiel gesetzt haben, um unbekannte Pflanzen über die
Weltmeere zu verbreiten. Dabei sticht dieses Buch auch wohl-
tuend durch die Genauigkeit in der Recherche hervor. Sogar
die – wunderbar präzisen – Quellenangaben sind dargestellt
wie kleine Schatzkästen und bergen eine Reihe von Überraschungen. Im ersten Kapitel geht Penelope Hobhouse der
Frage nach, woher das Wort Paradies kommt. Sie beginnt mit
der noch relativ bekannten Geschichte des Wortes, das vom
altpersischen *pairidaeza* abstammt – einer Zusammensetzung
aus *pairi,* was soviel heißt wie »rund herum« und *daeza,* dem
Wort für Mauer:

> *»Ins Griechische übersetzt wurde daraus das Wort para-*
> *deisos. Und in der ersten Bibelübersetzung stand paradés*
> *für Garten. In der jüdisch-christlichen Tradition verwendet*
> *man Paradies als Synomym für den Garten Eden.«*

Bis zu dieser Stelle ist die Geschichte der Entstehung dieses
Wortes noch relativ bekannt. Doch Penelope Hobhouse geht
noch ein ganzes Stück weiter – bis hinter den Wörtern Menschen auftauchen:

> *»Xenophon ist der erste, der das Wort schriftlich erwähnt*
> *und der im 5. Jahrhundert vor unserer Zeitrechnung nicht*

nur die Kriegskunst rühmt, sondern auch die Gartenbau-kunst des persischen Königs Kyros des Jüngeren.«

Xenophon, der Geschichtsschreiber, aber hat offenbar nicht nur davon berichtet, sondern er zeigte sich über alle Maßen beeindruckt von der Gartenkunst, die für ihn völlig fremd und überraschend war. Penelope Hobhouse hat zu diesem Punkt weit mehr als nur Fakten zusammengestellt. Denn sie vermag, mit Zitaten, Bildern und Querverweisen, auch die ungemeine Faszination zu vermitteln, mit der Xenophon davon berichtete, dass jener im obigen Zitat genannte König Kyros an jedem seiner Aufenthaltsorte für die Einrichtung sogenannter Lustgärten sorgte. Der Geschichtsschreiber hebt diese Gärten als Orte hervor, an denen sich alles Gute finde, was die Erde erzeuge. Von Bedeutung ist dabei die Bemerkung, dass der König den größten Teil seiner Zeit dort verbringe. Das heißt mit anderen Worten: Dieser König zieht nicht in die Schlacht, sondern er verweilt lieber im Paradies – seinem Garten. Das Schreiben von Geschichte beschränkt sich leider häufig und einseitig auf Bilder von Krieg und Verwüstung. In dieser Geschichte geht es um ein Gegenmodell dazu, um Orte des Friedens. Und mittendrin steht ein Bild. Das Bild eines Königs im Garten, dem Paradies.

Penelope Hobhouse weckt Neugier auf die Frage, welche Rolle der Garten als Raum im Lauf der Geschichte spielt. Was hat die Entwicklung von Gartenstilen mit Veränderungen von Lebensbedingungen zu tun? Was haben Gärten für Künstler bedeutet? Wie waren Gärten mit Religionen verknüpft? Wer war in welchen Gärten wann zu Gast?

Durch Penelope Hobhouses Gartengeschichten spazieren auch Schüler des Platon und Aristoteles, die Peripatetiker (von peripatein, »herumgehen«) genannt wurden, weil sie im Schatten der Bäume auf den Pfaden um die Akademie und das Lykeion umherwandelten. Und nicht weit davon entfernt lag der Garten des Epikur – den die Gartenexpertin als einen der wenigen griechischen Privatgärten jener Zeit erwähnt, von denen wir überhaupt Kenntnis haben.

GEORGE PLUMPTRE

EINE REISE DURCH ENGLANDS
GARTENSCHÄTZE

»Während das Besuchen von Gärten im 18. Jh. der Oberklasse vorbehalten war, so entwickelte es sich im 19. Jh. zunehmend zum Freizeitvergnügen der Mittelschicht, und mit dem Ausbau der Eisenbahn auch zu einem Vergnügen der städtischen Arbeiterklasse. Mit dem Aufkommen der großen Gärtnereikataloge wurde das Gärtnern im 18. Jh. immer populärer und schließlich zu einer Massenbewegung. Einzig die primitiven Wohn- und Lebensverhältnisse in den Städten schränkten die Gartenbegeisterung der Menschen ein. Bis in die Mitte des 19. Jhs. kristallisierte sich das Idealbild des (wenn auch kleinen) englischen Heims als Haus mit einem Garten heraus, das für eine immer größer werdende Anzahl an Menschen nicht nur ein Traum, sondern durchaus erreichbar war.«

George Plumptre, Herausgeber des essayistisch aufgebauten Buches *Eine Reise durch Englands Gartenschätze* (2013), schreibt diese Sätze in seinem Anfangskapitel. Die weiteren Kapitel bzw. Essays stammen von unterschiedlichen Autorinnen und Autoren, die aus verschiedenen Perspektiven auf sozialgeschichtliche Zusammenhänge schauen und fragen: Wie spiegeln sich diese in der Gestaltung von Gärten?

Die frühesten Gärten, über die wir Zeugnisse haben, waren nicht zufällig Orte von Königen oder von Kaisern. Gärten waren für lange Zeit ein Privileg der oberen Schichten. Gärten sind einzigartige Räume, weil sie leben, weil sie Kunst, Natur und Kultur zugleich sind und weil sie Mensch und Natur ebenso verbinden wie abgrenzen können. Gärten spiegeln Lebensumstände, soziale Entwicklungen und wirtschaftliche Veränderungen. Zahlreiche Fotos aus unterschiedlichen Zeiträumen dieses Buches dokumentieren dies nicht nur begleitend, sondern lassen durch Bilder sinnlich erleben, was die Geschichte der Gärten bedeutet. Der Besuch fremder Gärten ist im Unterschied zum Anlegen eines eigenen Gartens keine Anstrengung, sondern Freude. Das stellt der Gärtner, Moderator und Schriftsteller Alan Titchmarsh fest, den Christopher Woodward in seinem Kapitel *2000 –2012 Gartenbesichtigung im neuen Jahrtausend* zitiert:

> *»Wir alle brauchen von Zeit zu Zeit neue Ideen und das Besuchen der Gärten von anderen Menschen ist für mich mit Abstand die beste Quelle dafür. Neue Arbeitsmethoden, unbekannte Pflanzen und das Wissen, dass die Verantwortung für einen wunderbaren Garten nicht bei einem selbst liegt, all das macht die Freude aus.«*

Woodward sieht einen Zusammenhang zwischen der Goldenen Ära der Kinderbücher in Großbritannien zu Zeiten von Frances Hodgson Burnetts *The Secret Garden* (1911) und zitiert in diesem Zusammenhang auch den niederländischen Historiker Johann Huizinga, der 1949 ein Buch mit dem Titel *Homo Ludens: A Study of Play-Element in Culture* geschrieben hat:

> *»Huizinga kommt zu dem Schluss, dass die Menschen in der westlichen Welt den Zauber des Spielens während der Industriellen Revolution verloren haben, was sich im Verlangen nach nostalgischen Erinnerungen an die verlorene Kindheit ausdrückt.«*

Erinnerungen an Gärten sind häufig Erinnerungen an Gärten der Kindheit, die Zeit, in der alles möglich war. Die Zeit in der die Welt voller Wunder war, weil Menschen Superkräfte hatten, unsichtbar wurden oder fliegen konnten. Gärten können vielleicht auch deshalb mit dem Gefühl von Glück verbunden sein. Wer aber in Gärten spielen, arbeiten oder durch sie spazieren kann, das hängt von vielen Faktoren ab. Einer davon sind soziale Unterschiede. Was diese auf dem Weg zum Glück bedeuten, ist Thema des nächsten Kapitels.

Die Riesenmagnolie scheint
mir als Sinnbild und Lockruf
allen Wachstums.

HERMANN HESSE

KAPITEL 5

WIE GELINGT EIN SELBSTBESTIMMTES LEBEN?

*E*pikurs Garten stand für alle offen. Damit hob sich diese Philosophenschule ab von allen anderen ihrer Zeit, deren Aufnahmevoraussetzungen an Herkunft, Geschlecht oder finanzielle Voraussetzungen gebunden waren. Heute sind zwar viele diesbezügliche Beschränkungen gesetzlich aufgehoben – das gilt zumindest für Staaten, die sich als Demokratie verstehen. Herkunft und Geschlecht eines Menschen sind allerdings nach wie vor Faktoren, die maßgeblich über Chancen und Grenzen im Leben mitbestimmen.

Und es ist keineswegs nur die topographische Herkunft, die eine Rolle spielt. Sozialer Hintergrund, finanzielle Möglichkeiten, Bildungschancen sowie auch Vorbilder für Verhaltensweisen spielen immer noch eine Hauptrolle bezüglich der Frage, welche Ziele Menschen erreichen können – und welche nicht. Denn die Startbedingungen sind alles andere als gleich. Und in Zeiten der Globalisierung klafft die Schere zwischen arm und reich in vielen Regionen wieder zunehmend weiter auseinander, was sich nicht zuletzt an Voraussetzungen der Bildung zeigt. An anderen Orten herrscht Krieg und zwingt Menschen zur Flucht – mit unabsehbaren Folgen und Risiken.

Ob und warum Menschen Erfolg haben oder scheitern, ist ein komplexes Thema. Das folgende Sachbuch basiert auf einer großangelegten Untersuchung darüber, warum Menschen Erfolg haben oder scheitern und zeigt dies eindrucksvoll am Beispiel von persönlichen Lebensgeschichten.

MALCOLM GLADWELL

ÜBERFLIEGER

Warum manche Menschen erfolgreich sind
– und andere nicht

W as unterscheidet erfolgreiche Künstler von brotlosen? Wer Malcom Gladwells 2008 erstmals erschienene Untersuchungen über die 10.000-Stunden-Regel liest, bekommt auf diese Frage überraschend nüchterne Antworten. Während Casting-Shows suggerieren, Menschen könnten über Nacht zum Star werden, konfrontiert Gladwell seine Leserschaft mit der gegenteiligen Botschaft: Eine maßgebliche Rolle spielen dabei schlichtweg Arbeit und Zeitaufwand. Ebenfalls von erheblicher Bedeutung sind soziale Kompetenzen, also die Art des Umgangs mit anderen Menschen.

Es mag auf den ersten Blick überraschend wirken, dass bezüglich des beruflichen und finanziellen Erfolges der Faktor Talent allein wohl kaum der ausschlaggebende zu sein scheint — obwohl genau das insbesondere im künstlerischen sowie auch im sportlichen Bereich in populären Medienprodukten gern behauptet oder hervorgehoben wird.

Doch »Talent« ist Malcolm Gladwells Recherchen nach keineswegs der entscheidende Faktor, wenn es um das Erreichen von Zielen geht. Talent ist lediglich eine Grundvoraussetzung, um in bestimmten Bereichen Erfolg zu haben: Wer völlig unmusikalisch ist, wird als Komponist trotz hartnäckiger Übung kaum berufliche Aussichten haben. Ähnliches gilt für eine Karriere als Fußballstar, denn ohne sportliche Grundkonstitution wird es wohl niemals für die Profiliga reichen. Wer sich allerdings zu früh daran gewöhnt hat, dass die Dinge immer allzu leicht gehen, arbeitet später womöglich zuwenig, um sich in hart umkämpften Sparten durchzusetzen.

Malcolm Gladwell erzählt Lebensgeschichten wie die von Chris Langan, den er als eher bullig aussehenden Mann um die 50 beschreibt, der im Frühjahr 2008 in einer amerikanischen Quizsendung auftrat. Langan wurde dort mit seinem Intelligenzquotienten von 195 als der klügste Mann Amerikas präsentiert – und zum Vergleich wurden der Intelligenzquotient des Durchschnittsmenschen mit 100 und der des Physikers Albert Einstein mit 150 angegeben. Im Alter von drei Jahren brachte Chris Langan sich selbst das Lesen bei. Als Schüler nahm er am Fremdsprachenunterricht häufig ohne jede Vorbereitungen an Prüfungen teil. Schon wenn Langan die Möglichkeit hatte, auch nur zwei oder drei Minuten in seinem Schulbuch zu blättern, bevor der Lehrer das Klassenzimmer betrat, bestand er jede Prüfung. Häufig besuchte der Junge mit dem Rekord-IQ den Schulunterricht überhaupt nicht, sondern tauchte nur noch zu Prüfungen auf.

Was seine intellektuellen Fähigkeiten angeht, entspricht Chris Langan eindeutig den Vorstellungen eines Genies. Doch seine Lebensgeschichte ist keinesfalls eine Erfolgsgeschichte. Vielmehr wirkt sie tragisch, wie eine Kette voller Niederlagen. Warum? Indem Malcolm Gladwell dieser Frage nachgeht, zeigt er zugleich auf, wie es anders sein könnte.

Langan kommt aus armen Verhältnissen und sagt, nie habe er jemanden kennengelernt, der in der Kindheit so arm gewesen sei wie er und seine drei Brüder – die alle verschiedene Väter haben. Der Vater von Chris verschwand noch vor seiner Geburt – es heißt, er sei in Mexiko ums Leben gekommen. Der zweite Ehemann der Mutter wurde ermordet, der dritte beging Selbstmord. Der vierte Mann war ein gescheiterter Journalist, der die Kinder mit einem Ochsenziemer misshandelte. Die Mutter war offenbar nicht willens oder nicht in der Lage, ihre Kinder vor der Gewalttätigkeit dieses Mannes zu schützen. Sie blieb bei ihm.

Chris Langans Traum war eine akademische Karriere. Aufgrund seiner besonderen Fähigkeiten standen die Aussichten dafür trotz der schwierigen Kindheit zunächst sogar gut. Denn nach dem Schulabschluss bekam er gleich zwei Stipendien angeboten, die ihm ein Studium an einer Universität ermöglicht hätten. Das Problem: Langan schaffte es nicht, sein Studium abzuschließen!

Zu den Gründen des Studienabbruchs erzählt der Mann mit dem hohen IQ eine kuriose Geschichte, die damit beginnt, dass seine Mutter versäumt hatte, ein Formular auszufüllen. Dies hatte eine Reihe von Kettenreaktionen zur Folge, an deren Ende das von Langan ausgesuchte Stipendium aufgrund eines verpassten Abgabetermins verfiel. Im Zuge dessen musste der hochbegabte junge Mann schließlich die Universität verlassen.

Und es ist kaum zu glauben: Doch auf die Idee, jemanden um Hilfe oder Rat zu fragen, kam der Mann mit dem außergewöhnlich hohen IQ einfach nicht! Stattdessen nahm er unzählige Hilfsjobs an und sein Leben nahm Wendungen, die alle seine Träume und Pläne in unerreichbare Ferne rückten. Statt Wissenschaftler zu werden, zog Chris Langan sich schließlich als Aussteiger auf einen Bauernhof zurück.

Malcolm Gladwell beschreibt Chris Langans Wirkung und Auftreten auf der Bühne des eingangs erwähnten Fernsehstudios als gelassen und selbstbewusst. Und Langan gewann bei seinem Auftritt 250.000 Dollar – was immerhin ein Ende ist, das etwas Tröstliches hat. Doch wo sind die Ziele vom Anfang geblieben?

Das Beispiel von Chris Langan ist eines von vielen, die alle gänzlich unterschiedlich sind, aber in einem Punkt übereinstimmen: Stolpersteine auf dem Weg zu einem Ziel tauchen häufig an ganz und gar anderen Stellen auf, als sie erwartet werden. Malcom Gladwell kommt zu dem Schluss, dass unsere Vorstellungen davon, was einen Menschen erfolgreich macht, grundsätzlich falsch sind. Denn wir fragen meistens nach dem *wie* – nach persönlichen Eigenschaften, Lebensweisen oder Talenten. Wir sehen Erfolg als Produkt von individueller Leistung. Dabei weisen wissenschaftlichen Untersuchungen wie auch persönliche Geschichten zu diesem Thema auf etwas ganz anderes hin.

Gladwell belegt dies durch Untersuchungen des Psychologen K. Anders Ericsson und seiner Kollegen Ralf Krampe und Clemens Tesch-Römer, die Anfang der 1990er Jahre an der

Berliner Hochschule der Künste stattfanden. Dabei wurden Violinisten in drei Gruppen eingeteilt. In der ersten Gruppe waren die Stars, die das Zeug zu Weltklassesolisten hatten. In der zweiten Gruppe waren die »guten«. In der dritten waren diejenigen, die vermutlich nie als professionelle Konzertmusiker auftreten und stattdessen eher als Musiklehrer an Schulen gehen würden. Allen Teilnehmenden wurde dieselbe Frage gestellt: »Wenn Sie Ihre gesamte Laufbahn zusammennehmen, beginnend mit dem Tag, an dem Sie das erste Mal eine Geige in die Hand genommen haben – wie viele Stunden haben Sie dann insgesamt etwa geübt?«

Die Angehörigen aller drei Gruppen hatten alle ungefähr im gleichen Alter mit dem Üben begonnen, nämlich mit etwa fünf Jahren. Anfangs hatten alle rund zwei bis drei Stunden pro Woche geübt. Im Alter von acht Jahren ergaben sich die ersten Unterschiede: Diejenigen, die später zu den Besten gehörten, begannen intensiver zu üben als die anderen – im Alter von neun Jahren etwa sechs Stunden, im Alter von zwölf etwa acht Stunden, im Alter von 14 Jahren bereits rund 16 Stunden und im Alter von 20 Jahren mehr als 30 Stunden pro Woche.

Daraus ließ sich ableiten, dass die Stars im Alter von 20 Jahren bereits auf eine Anzahl von rund 10.000 Stunden kamen, in denen sie geübt hatten. Im Unterschied dazu kamen die »guten« auf rund 8.000 Stunden Spielpraxis, die künftigen Musiklehrer auf knapp 4.000 Stunden. Dasselbe Muster ergab sich für Pianisten.

Die Untersuchung brachte ein klares Ergebnis: »Naturtalente« gibt es nicht. Die herausragenden Musiker übten nicht nur mehr oder viel mehr als die anderen, sie übten *sehr* viel mehr. Der Neurologe Daniel Levitin stellt fest, dass 10.000 Übungs-

stunden erforderlich sind, um das Maß an Kompetenz zu er-
werben, das von Experten von Weltrang erwartet wird. Dies
gilt für jedes Gebiet, auch für Basketballspieler, Romanautoren,
Schachspieler oder geniale Verbrecher. Es ist bisher kein einziger Fall bekannt, in dem Expertentum von Weltrang innerhalb
kürzerer Zeit erworben wurde. Auch für das »Wunderkind«
Mozart lässt sich die magische Zahl des Erfolges nachweisen.

Es ist jedoch nahezu unmöglich, als junger Mensch allein
auf diese Zahl von Übungsstunden zu kommen, stellt Gladwell
fest. Dazu seien Eltern erforderlich, die ihre Kinder ermuntern
und unterstützen. Gesellschaftlich Benachteiligte hätten kaum
eine Chance, denn wer sich mit einem Teilzeitjob über Wasser
halten müsse, habe kaum genug Zeit zum Üben.

Darüber hinaus spielen weitere Faktoren eine Rolle: Ist ein
Kind durch Sozialisation gewohnt, dass man ihm respektvoll
begegnet? Die Soziologin Annette Lareau von der Universität
Maryland kam bei einer Untersuchung von Kindern aus der
dritten Klasse zu dem Ergebnis, dass es lediglich zwei verschiedene Erziehungsprinzipien gibt: Eltern der Ober- und Mittelschicht erziehen nach der einen Methode, Eltern der Unterschicht nach der anderen.

Unterschiede, die mit obigen Themen zusammenhängen
zeigten sich in dieser Untersuchung bezüglich der Terminpla-
nung und der Gestaltung von Freizeitaktivitäten. Zudem traten
Eltern der Ober- und Mittelschicht zum Beispiel gegenüber
Lehrern für ihre Kinder ein. Eine Folge davon war, dass diese
Kinder sich so verhielten, als hätten sie ein Anrecht darauf, ihre
eigenen Vorstellungen durchzusetzen. Sie lernten frühzeitig,
ihre Standpunkte zu vertreten. Sie kannten Spielregeln, zum
Beispiel von Institutionen. Kinder der Unterschicht hingegen

ließen sich von Autoritäten einschüchtern und zeichneten sich mit zunehmendem Alter durch Distanz, Misstrauen und Hemmungen aus. Diese Kinder lernten nicht oder nur unzureichend, ihre eigenen Interessen zu artikulieren oder selbstbewusst gegenüber Autoritäten aufzutreten. Sie gingen auch nicht davon aus, dass sie Hilfe erhalten könnten.

Für den eingangs genannten Fall Chris Langan zieht Gladwell das Resümee: »Er musste seinen Weg allein gehen, und niemand – kein Musikstar, kein Profisportler, kein Softwaremilliardär und nicht einmal ein Genie – schafft es allein.«

Die Geschichte vom wundersamen Aufstieg eines Tellerwäschers zum Millionär ist Gladwells Recherchen nach ganz offensichtlich ein Märchen. Den einsamen Helden, der im Angesicht von schier unüberwindbaren Schwierigkeiten triumphiert, gibt es nicht in der realen Welt. Menschen können zwar an Widerständen sowohl scheitern als auch wachsen. Wie aber dabei das soziale und persönliche Umfeld aussieht, bestimmt den Lebensweg ganz entscheidend mit.

EINE
WEIHNACHTSGESCHICHTE

as Thema der Überwindung von Schranken sozialer Herkunft findet sich in allen Werken von Charles Dickens. Eine unvergessliche Figur aus einem Dickens-Roman ist der geizige, kaltherzige Ebenezer Scrooge in der berühmten *Weihnachtsgeschichte* aus dem Jahr 1843. Der Geist seines verstorbenen Geschäftspartners Jacob Marley vermittelt Scrooge sehr drastisch eine neue Sichtweise auf sein bisheriges Leben. Es geht um Not, Leid, Ausbeutung als Folge ungerechter Machtverhältnisse – und Ebenezer Scrooge ist einer von denen, die dafür verantwortlich sind. Bisher war er hart und gefühllos. Doch als Scrooge anfängt, seine Umgebung wahrzunehmen, kann nichts mehr so bleiben, wie es war.

Kaum jemand hat von sozialen Umständen und Missständen so eindringlich, spannend und elegant zugleich erzählt wie Charles Dickens. In dem Weihnachtsmärchen mit dem Originaltitel *A Christmas Carol* (*Ein Weihnachtslied*) erscheint Scrooge der Geist seines ehemaligen Geschäftspartners Marley, der ihn vor dem nahenden Tod warnt und drei weitere Geister zur Unterstützung ruft. Der Geist der vergangenen Weihnacht beschwört die Macht der Freundschaft durch Erinnerungen an die Kindheit. Dies bleibt ebenso vergeblich wie der Versuch des Geistes der gegenwärtigen Weihnacht, den Blick von Scrooge auf die Welt um ihn herum zu öffnen. Erst der Geist der zukünftigen Weihnacht kann die Wahrnehmungsfähigkeit von Ebenezer Scrooge wieder aktivieren. Es gelingt ihm, weil er dem verhärteten Mann mit seiner eigenen Sterblichkeit konfrontiert.

In dieser Geschichte geht es um eine ganze Reihe von Themen, die sich als »epikureisch« bezeichnen lassen: Das Glück von Scrooge hängt mit seiner Fähigkeit zur Wahrnehmung zusammen. Der Wahrnehmung für die Welt um sich herum. Das »Prinzip Freundschaft« wirkt nicht nur anderen, sondern auch sich selbst gegenüber. Eine Grundvoraussetzung für ein menschenwürdiges Miteinander sind angemessene Lebensbedingungen in einer Verteilung, die allgemein ein gutes Leben möglich machen. Wo hingegen Geben und Nehmen allzu einseitig verteilt sind oder soziale Unterschiede allzu weit auseinanderklaffen, kann möglicherweise nicht einmal mehr ein scheinbarer Profiteur davon noch Glück finden. Denn Menschen sind soziale Wesen. Die eigene Lebensqualität hängt auch davon ab, wie andere ringsum leben, wie die allgemeinen Lebensbedingungen sind oder wie hoch der Lebensstandard für alle ist. Das gilt für jede kleine, eigene Welt genauso wie für die große und ganze.

An dieser Stelle ließen sich noch eine ganze Reihe weiterer Werke und Figuren von Charles Dickens nennen: Da ist der intrigante Uriah Heep als Gegenspieler des *David Copperfield*, der entgegen aller Widerstände sein Glück in einer erbarmungslos harten Welt sucht – und schließlich findet. Da ist der hungrige Waisenjunge *Oliver Twist*, der es wagt, nach MEHR (Essen) zu fragen. Lesenswert: Alles. Ein einzigartiger Ort, das Dickensche Universum zu erkunden, sich durch Büchertische und Regale zu blättern, eine Zeitreise zu unternehmen, über Dickens' soziales Engagement zu lesen, eigene Lieblingstexte zu finden und mit unerwarteten Fundstücken nach Hause zu gehen, ist das Charles Dickens Museum in London. Hier gibt es alle Werke von und viele über Dickens sowie ein kleines Café mit Garten, das bis 17 Uhr geöffnet hat.

DIE COMMITMENTS

*D*ynamit ist ein Stoff, der Grenzen sprengt. Mit einem Knall, laut, schnell, gefährlich. Wer das Wort Dynamit metaphorisch im Namen trägt, muss mit diesen Eigenschaften in Verbindung gebracht werden. Wie der Musiker James Brown (1933–2006), der Mister Dynamite genannt wird. Er tritt nicht selbst auf in dem Roman *The Commitments* von Roddy Doyle (1987) – und übrigens auch nicht in der gleichnamigen Verfilmung von Alan Parker aus dem Jahr 1991. Aber ohne den realen James Brown wäre die fiktive Band »The Commitments« nicht gegründet worden. Deren Manager Jimmy Rabbite hat eine Vision: Soul in Dublin.

Die Musiker suchten Jimmy Rabbite in einem Vorort von Dublin, in dem eine Fischfabrik der größte Arbeitgeber ist. In Vorträgen zur Bandgründung zitiert er immer wieder Sätze von James Brown: Über Soul, Sex, Politik, schwarze Hautfarbe und die Arbeiterklasse. Auf die Bandmitglieder wirken diese Worte wie Sprengsätze, die ihre Identität erschüttern. Wer sind sie – oder was sind ihre Möglichkeiten und Perspektiven?

Jimmy Rabbite sagt dazu Sätze wie: »Soul heißt, aus sich selbst herauszutreten.«

Seine Vorträge finden die anderen cool. Doch gelingt es der Gruppe tatsächlich, aus den Grenzen ihrer Herkunft auszubrechen? Um diese Frage dreht sich der Roman über eine Bandgründung, in dem die Explosivität von Worten eine zentrale Rolle spielt.

Dabei nimmt die Kunstfigur Mister Dynamite die Funktion eines Mentors ein, der Jimmy ermuntert, das bisher Undenkbare zu wagen: Den Grenzen zu entkommen, die ihm bisher seine Herkunft gesetzt hat.

Die Erzählerstimme von Jimmy Rabbite kommentiert: »Die Commitments wurden wahr. Sie hatten Joey ›die Lippe‹ Fagan. Und der hatte genug Soul für sie alle. Und den Herrgott noch dazu.«

Joey »die Lippe« erzählt gern und viel aus seinem abenteuerlichen Leben. Mit allen bekannten Musikern hat er schon gespielt – und selbstverständlich auch mit James Brown. Was allerdings wahr oder falsch an diesen Erzählungen ist, das ist nicht immer ganz durchschaubar. Am Ende verlässt Joey »die Lippe« die Stadt und die Band löst sich auf.

Nein, hier läuft wirklich nicht alles glatt. Doch nichts und niemand bleibt im Lauf des Geschehens mehr wie zuvor. Das Leben aller, die Teil der Band waren, hat eine Wendung genommen. Was immer daraus folgt oder noch folgen könnte: Zunächst einmal beschließen die, die noch nicht ganz zerstritten sind, die Gründung einer neuen Band. Danach bleibt alles offen, ungewiss, geheimnisvoll, doch funkelnd wie ein sagenhafter Schatz aus einer Truhe, die noch nicht geöffnet worden ist.

Dass Stolpern und Missgeschicke zum Erreichen von größeren Zielen dazugehören oder sogar unvermeidlich sind: Davon erzählt dieser Roman mit Witz, Charme und Leichtigkeit. Die Realisierung von Träumen beendet den Traum, weil Realität wohl kaum jemals der Phantasie gleichen kann und weil Ergebnisse manchmal gänzlich anders aussehen als anfangs erwartet.

Was ist Erfolg? Was ist Glück? Was ist ein gelungenes Leben? Diese Fragen kann wohl keine Philosophie, auch die epikureische nicht, abschließend beantworten. Doch jeder reale Schritt in Richtung der eigenen Träume und Wünsche bedeutet, ein Stück eigenes Leben in der Wirklichkeit zu erobern. Genau das meint Epikur mit der Ermunterung zum »Philosophieren«.

Alles ist belanglos,
ausgenommen das, was
wir im gegenwärtigen
Augenblick tun.

LEW TOLSTOI

KAPITEL 6

WAS BEDEUTET SINNLICHE WAHRNEHMUNG?

*D*iogenes Laertius berichtet, dass Epikurs Lehre sich auf die Naturforschung des Demokrit bezieht, der den Aufbau der Welt aus Atomen erklärt. Naturbeobachtung und Angst stehen in Epikurs Philosophie miteinander in Verbindung, weil zu seiner Zeit der Anblick einer dunklen Wolke am Himmel die Menschen nicht einfach nur Regen befürchten ließ: Phänomene wie Blitz und Donner wurden als Zornesausbrüche des Göttervaters Zeus ausgelegt. Und so ist es kein Zufall, dass Epikur sich immer wieder mit der Angst vor den Göttern auseinandersetzt.

Wie bereits im Kapitel über die Angst erwähnt, ist die Freiheit von Beunruhigungen für Epikur die Grundlage seelischen Wohlbefindens. Angst stört die Seelenruhe, die »Ataraxia«, und verursacht dadurch Unbehagen. Ziel und Sinn eines glücklichen Lebens ist nach Epikurs Lehre die »Hedone« – ein Zustand der Lust im Sinne des körperlichen wie auch seelischen Wohlbehagens. Ohne Seelenruhe kann dieses Ziel nicht erreicht werden.

Die epikureische Philosophie sieht einen unmittelbaren Zusammenhang zwischen Lebensglück und Angstfreiheit. Die Naturbeobachtung hat keinen Selbstzweck, sondern eine Absicht: Ängste zu reduzieren. Warum das Vertrauen auf eigene Sinneswahrnehmung dabei eine so wichtige Rolle spielt, geht aus einem Text hervor, den Epikur selbst als Zusammenfassung seiner gesamten Philosophie bezeichnet.

BRIEF AN HERODOT

*E*pikurs Brief an Herodot umfasst rund 20 Seiten und ist auch in vielen Geschenkausgaben und Zitatsammlungen zum Thema Glück enthalten – jede davon ist empfehlenswert.

Aus einem wissenschaftlichen Buch aus dem Jahr 2010 stammt die folgende Übersetzung des Epikur-Experten und Philosophen Christof Rapp, die dieser mit folgenden Worten einleitet:

>»Epikur sendet seine Grüße an Herodot.

>Für die, mein lieber Herodot, die nicht in der Lage sind, jede der von uns aufgezeichneten Einzelheiten über die Natur genau durchzuarbeiten, und die auch nicht in der Lage sind, die längeren der von uns verfassten Bücher durchzugehen, habe ich eine Zusammenfassung der ganzen Abhandlung verfasst, [...].«

Epikur fährt fort:

>*Denn man kann nicht das konzentrierte Resultat unseres Durchgangs durch das Ganze verstehen, wenn man nicht in der Lage ist, durch kurze Worte alles in sich zusammenzufassen, was auch im Einzelnen vertieft werden kann.*«

Daraus geht hervor, dass Epikur in seinem *Brief an Herodot* die Essenz seiner gesamten Philosophie in Kurzform zusammengefasst hat.

Durchwegs ist in diesem Text die Rede vom Sehen, vom Hören, vom Riechen – kurzum von allem, was die Wahrnehmungsfähigkeit durch die Sinne ausmacht. Epikur betont immer wieder, dass jede Erkenntnis nur möglich sei durch eine Zurückführung auf Wahrnehmungen und Empfindungen. Der Brief bezieht sich immer wieder auf Sinneseindrücke. Epikur stellt fest, dass jede Erkenntnis nur möglich ist durch eine Zurückführung auf Wahrnehmungen und Empfindungen. Als wahr bezeichnet der Philosoph nur das, was wirklich beobachtet oder mit dem Verstand erfasst werden kann. Die Bedeutung der Wahrnehmungsfähigkeit ist das zentrale Thema in Epikurs *Brief an Herodot* – dem Text also, den Epikur selbst als Zusammenfassung seiner gesamten Lehre bezeichnet.

In seinen Hauptlehrsätzen, den *Kyriai Doxai,* bringt Epikur es noch kürzer auf den Punkt: »Wenn du alle Sinneswahrnehmungen anzweifelst, wirst du nichts haben, worauf du dich beziehen kannst, um diejenigen Wahrnehmungen zu beurteilen, von denen du sagst, sie seien falsch.«

Epikurs Ziel war es, die Menschen von Angst zu befreien – und zwar durch die Schärfung der Sinne. Der Zusammenhang zwischen diesen beiden Aspekten ist vielschichtig, wie das folgende Beispiel zeigt.

SCHREIBEN AUF REISEN

Wanderungen, kleine Fluchten und große Fahrten –
Aufzeichnungen von Unterwegs

*G*rundsätzlich geht es in vielen Reisebeschreibungen um das Thema Wahrnehmung. In diesem Buch geht es bereits im Vorwort um das damit verbundene Thema: die Überwindung von Angst – durch Hinschauen und Beobachten. Der Schriftsteller Hanns-Josef Ortheil hält für das Verfassen von Reiseaufzeichnungen nicht nur bestimmte Methoden der Aufzeichnungen für wichtig, sondern vor allem auch »einen bestimmten Blick, der die Fremde nicht nur aus der Distanz betrachtet, sondern immer tiefer in sie eindringt.«

Den Grund dafür benennt Hanns-Josef Ortheil folgendermaßen: »Gelingt das, verliert die Fremde ihren bedrohlichen, Angst erzeugenden Charakter und rückt immer näher an uns heran. Manchmal glückt es dann sogar, sich in ihr zu verlieren und ihr nach einem längeren Aufenthalt wieder zu entkommen: verwandelt, neu geboren, als ein anderer.«

Das Buch *Schreiben auf Reisen* (2012) ist eine Schatztruhe voller Ideen und Methoden zur Beobachtung der Umgebung im Detail. In einem großen Bogen von unterschiedlichsten Methoden der Reisebeschreibung machen die Anregungen Lust, sie selbst auszuprobieren – mit Tinte und Füller, wie der Autor es empfiehlt, und mit Papier ohne Kästchen und Linien.

Dabei ist der kurze Brief, der handgeschriebene, genauso von Bedeutung wie der lange Reiseroman. Es geht um die Beobachtung der Umgebung und um die Frage, wie Orte durch Beschreibungen in verschiedenen Aspekten wahrgenommen werden können. Die Gemeinsamkeit der höchst unterschiedlichen Textbeispiele ist die, dass alle für die Wahrnehmung der Umgebung sensibilisieren.

Das Notieren von Aufbruchsorten, die Aufmerksamkeit für Personen, Dinge und Erscheinungen am Wegrand ist beispielsweise das spezifische Kennzeichen der »Spaziergänge« des Schweizer Schriftstellers Franz Hohler, die dieser auf jeweils maximal drei Seiten in bildhafte Worte fasst.

Um das Glück der Ankunft geht es im Reisetagebuch des Japaners Matsuo Bashô (1644–1694), der im Jahr 1680 über 2.400 Kilometer durch den Norden Japans gewandert ist und dazu 150 Tage unterwegs war: »Oft ist es ein besonderer Raum, eine einsam gelegene Hütte, ein Bergplateau, ein Dorf, eine kleine Siedlung an einem Fluss oder auch eine Stadt. Der erste Anblick dieses Raums hat etwas Erlösendes.«

Ebenfalls auf einer Japanreise hat der französische Philosoph und Schriftsteller Roland Barthes Stadtzentren, Küchen, Spielhallen, die Post, Bahnhöfe und eine Schreibwarenhandlung untersucht. Roland Barthes schreibt über Alltagsgegenstände, *über* die Form und Funktion von Essstäbchen. Wie sehen eigentlich Essstäbchen aus – und wie gehen Menschen damit um?

Ein eigenes Kapitel ist dem Schreiben von Briefen gewidmet, die »mit der Hand geschrieben« und »mit einem gewissen zeitlichen Aufwand verbunden« sind. Hanns-Josef Ortheil zählt Reisebriefe zu den schönsten und persönlichsten Dokumenten des Schreibens auf Reisen und zeigt im Detail, was mit einem Brief alles passieren kann. Da werden Briefe verpackt, frankiert, verborgen, können zu Schatzkästchen oder intimen Kostbarkeiten werden, von bunten Bildern und farbigen Klängen erzählen – und sind ganz denen gewidmet, an die sie geschickt werden.

Briefe zu schreiben war eine oder sogar *die* schriftliche Form des Philosophierens zu Epikurs Zeit. Epikurs *Brief an Herodot* ist ein Beispiel dafür. In diesem mehr als 2.000 Jahre alten Brief geht es um die Bedeutung der sinnlichen Wahrnehmung. Von demselben Thema handelt ein Märchen, das im Jahr 1837 berühmt geworden ist durch eine Pointe, die ihm ein dänischer Schriftsteller hinzugefügt hat. Die Geschichte war zuvor bereits Teil einer spanischen Sammlung von Erzählungen, die im Jahr 1337 Don Juan Manuel unter dem Titel *Der Graf von Lucanor* veröffentlicht hat. Rund 500 Jahre später übersetzte Karl Eduard von Bülow diese ins Deutsche und veröffentlichte sie als Teil einer Novellensammlung unter dem Titel *Was einem König mit drei Schälken begegnet.*

DES KAISERS NEUE KLEIDER

Die Hauptfigur dieses Märchens ist ein Kaiser, der sich gerne schön kleidet. Dafür gibt er eine Menge Geld aus. Denn nichts macht er lieber, als sich neue Kleider zu kaufen und sie anzuprobieren. Eines Tages kommen zwei Betrüger, die sich für Weber ausgeben und besondere Kleider anpreisen, die sie zu verkaufen hätten. Die Betrüger behaupten, ihre zauberhaften Kleider würden unsichtbar für alle Menschen sein, die dumm seien oder nicht für ihre Ämter taugten.

Der Kaiser geht auf den Handel ein. Zwei Webstühle werden aufgestellt und die Betrüger tun so, als würden sie arbeiten. Sie sitzen an leeren Stühlen bis spät in die Nacht hinein. Doch alle, die das Ergebnis begutachten sollen, behalten für sich, dass sie nichts sehen. Das gilt sogar für den Kaiser und den gesamten Hofstaat. Als der Kaiser die Kleider schließlich zum erstenmal trägt, bejubeln und loben alle Menschen im Palast und draußen auf der Straße die Pracht seiner neuen Kleider. Bis endlich ein kleines Kind sagt, der Kaiser habe ja gar nichts an.

Was bedeutet es, der eigenen Wahrnehmung zu trauen – oder nicht: Um diese Frage geht es in dem satirisch überspitzten Text *Des Kaisers neue Kleider*. Im Zentrum steht eine Angst – in diesem Fall die Angst, dumm dazustehen vor den Mitmenschen. Dabei ist diese besondere Art der Angst ganz offenbar ein Problem, das insbesondere erwachsene Menschen haben. Denn im Unterschied zu den Erwachsenen ist es ein Kind, das seiner eigenen Wahrnehmung noch traut und trauen kann.

Angst hat viele Gesichter. Und immer wieder im Lauf der Geschichte ist Angst bewusst geschürt worden, um auf manipulative Art und Weise Machtpositionen zu erhalten. Wie die Schärfung der Sinneswahrnehmung als Gegenmittel dazu wirken kann, davon erzählt besonders eindrucksvoll ein weltweit bekannter Roman.

UMBERTO ECO

DER NAME DER ROSE

»Doch als ich Jorge in die Bibliothek setzte, wusste ich noch nicht, dass er der Mörder war. Er hat das Ganze sozusagen auf eigene Faust getan.«

Das schreibt Umberto Eco 1983 in seiner *Nachschrift zum »Namen der Rose«* aus dem Jahr 1980.

Am Ende des Romans, auf den sich diese Aussage bezieht, stopft sich der Mönch Jorge von Burgos die Seiten eines Buches in den Mund, wissend, dass dies seinen Tod bedeutet. Denn er selbst hat das Papier vergiftet. Doch er will dieses Buch vor der Welt verstecken, um das darin enthaltene Wissen für sich allein zu haben. Er ist zum Mörder geworden dafür.

Warum stirbt und mordet jemand für ein Buch? Das ist die zentrale Frage, um die es in dem Roman *Der Name der Rose* geht. Dabei steht im Fokus die Bedeutung des Zugangs zum Wissen. Dass Wissen Macht bedeutet, ist ein geflügeltes Wort. Was es tatsächlich für Folgen haben kann, wenn Wissen verwehrt oder versteckt wird, davon erzählt Umberto Eco in seinem Roman, der zum Weltbestseller wurde. Eco erzählt vom Elend jener Menschen, denen der Zugang zu Bildung und Wohlstand versperrt wird. Er erzählt von der Gier und dem Geiz derer, die diesen Zustand bewusst aufrechterhalten wollten, weil sie selbst davon profitieren. Er erzählt von einem düsteren Abschnitt der Menschheitsgeschichte. Tatzeit: das Mittelalter. Doch die Prinzipien, um die es geht, sind zeitlos.

Der Ermittler William von Baskerville ist, ebenso wie sein Vorbild Sherlock Holmes in Sir Arthur Conan Doyles *Der Hund von Baskerville* (1902), eine Figur, die auf die eigene Wahrnehmung vertraut. William von Baskerville klärt Morde auf. Beim Lesen erleben wir das, was gutgeschriebene Kriminalromane auszeichnet: Sie können die Wahrnehmung schärfen. Die Wahrnehmung dessen, was um uns ist. Eine Abneigung gegen Angst und Aberglauben und ein Bedürfnis nach Wahrheit und Vernunft treiben William von Baskerville an. Der Mönch aus dem Mittelalter ist davon überzeugt, für übersinnlich scheinende Phänomene vernünftige Erklärungen zu finden. Er will ein Rätsel lösen, und riskiert dafür sogar sein Leben. Im Zentrum der Ermittlungen steht die Frage: Warum ist es verboten, die Bibliothek des Klosters zu betreten? Es sind die Bücher, um deren Bedeutung es hier geht. Es geht um Wissen, das Angst vermindert. Angst aufrechterhalten hingegen will der Gegenspieler Baskervilles, Jorge von Burgos. Und genau aus diesem Grund möchte er Bücher vor den Augen der Welt verbergen. Der Wissensvorsprung sichert ihm Macht.

Im Mittelpunkt steht dabei ein ganz bestimmtes Buch. Diesem Buch ist der Ermittler auf der Spur. William von Baskerville ist ein glänzender Beobachter, der die Bedeutung der Wahrnehmungsfähigkeit nicht nur mit Scharfsinn, sondern auch mit Humor zu vermitteln vermag: Wer auf dem Hinweg schnell läuft und auf dem Rückweg langsam, war möglicherweise auf der Toilette.

Der Name der Rose erzählt davon, wie wichtig das Vertrauen in die eigene Wahrnehmung ist. Nur die eigene Wahrnehmung kann unabhängige Orientierung geben. Naturbeobachtung ist dabei der erste Schritt. Es geht darum, Zeichen lesen zu lernen und daraus rationale Schlüsse zu ziehen. Was bedeutet es, wenn ein Fußabdruck auf dem Boden tiefer ist als üblich? Der Mensch, der hier entlang gelaufen ist, könnte eine schwere Last getragen haben...

Die Sicherheit, der eigenen Wahrnehmung vertrauen zu können, ist das wichtigste Gegengift gegen jede Art von Angst. Die Klarheit der Beobachtung und die Logik des Geistes lösen diffuse Furcht auf und wirken damit gegen die schlimmste Folge der Angst: Die Lähmung jeglicher Handlungsimpulse – wie bereits im Kapitel über die Angst beschrieben.

Die Botschaft des Romans *Der Name der Rose* lässt sich im Kern so zusammenfassen: Das Vertrauen in die eigene Wahrnehmung hilft, auch in den finstersten Zeiten zu überleben. Wer der eigenen Wahrnehmung vertraut, lässt sich nicht so leicht Angst einjagen und manipulieren.

Diese Erkenntnis steht auch im Zentrum der Philosophie des Epikur. Das Prinzip bleibt durch verschiedene zeitliche Epochen und in verschiedenen kulturellen Systemen immer wieder dasselbe. In unendlich weit verzweigten Kettenreaktionen durch Zeiten und Räume sind Epochen, Personen, Bücher, Bilder und Themen miteinander verbunden.

Die Bibliothek in *Der Name der Rose* geht am Ende in Flammen auf. »Im Mittelalter brannten Kathedralen und Klöster wie Zunder ab«, kommentiert Umberto Eco dazu in seiner *Nachschrift zum »Namen der Rose«.*

Es ist offensichtlich, dass das Thema des Romans *Der Name der Rose* auch bestens in das Kapitel über die Magie des Bücherfindens passen würde. Die dunkelsten Zeiten der Menschheit gingen immer wieder damit einher, dass Bücher vernichtet wurden oder dass Menschen der Zugang zu Büchern verwehrt wurde. In Deutschland wurden zur Zeit des Nationalsozialismus Bücher verbrannt. Zu allen Zeiten wurde in allen Diktaturen der Welt insbesondere das Lesen zensiert, kontrolliert, unterbunden. Was das Erzählen von Geschichten und die Formen davon überhaupt bedeuten, ist Thema des nächsten Kapitels.

Alles Gut und Übel liegt
in der Empfindung und
Wahrnehmung.

EPIKUR

Der Tod geht uns nichts an.
Das Leben schon.

KLAUS BINDER, FREI NACH LUKREZ

KAPITEL 7

WAS BEDEUTEN GESCHICHTEN?

*I*n Umberto Ecos Roman *Der Name der Rose* geht es um das Verschwinden eines Buches, nämlich des zweiten Teils der *Poetik* von Aristoteles (384–322 v.Chr.). Dass dieses Buch tatsächlich existiert hat, lässt sich aus Titelverzeichnissen von Diogenes Laertius sowie auch von Aristoteles selbst schließen. Der im vorherigen Kapitel erwähnte Philosoph Christof Rapp stellt fest, dass Aristoteles und Epikur einige Jahre zeitgleich in Athen gelebt haben und sich deshalb sogar persönlich begegnet sein könnten – auch wenn es keine Informationen darüber gibt.

Welche Bücher gab es in Epikurs Bibliothek? Hat Epikur die *Poetik* des Aristoteles gekannt, deren erster Teil wohl um das Jahr 335 vor unserer Zeitrechnung erschienen ist? Es gibt keine Quellen, mit denen sich dies belegen ließe. Bekannt ist allerdings, dass Bücher in der Antike kostbar und teuer waren. Das laute Lesen von Texten war üblich. Und Bibliotheken waren relativ dunkle Räume, weil Fenster klein gehalten wurden, um die Schriftrollen in ihrer Lichtempfindlichkeit zu schützen.

Ein häufiger Gast in Epikurs Garten war der Komödiendichter Menander, der mit Epikur befreundet war, seit sie als 18-jährige gemeinsam den Militärdienst geleistet hatten. Als Autor von rund hundert Komödien hat Menander zahlreiche Wettbewerbe gewonnen. Eines seiner Theaterstücke ist vollständig überliefert, der *Dyskolos* – in der deutschen Übersetzung *Der Griesgram.* Johann Wolfgang von Goethe hat Menander als den Theaterautor genannt, der ihm selbst, nebst Sophokles, der liebste sei. Kannte Menander die *Poetik* des Aristoteles – und nicht nur den ersten, sondern auch den zweiten Teil davon? Dies ist anzunehmen, lässt sich allerdings nicht belegen.

Dank der Philosophiegeschichte des Diogenes Laertius ist jedenfalls nachzulesen, dass Epikur sich auf die Naturforschung des Demokrit bezieht. Es lässt sich dort auch nachlesen, dass bereits Demokrit das Ziel des Lebens als einen Zustand der Furchtlosigkeit versteht und die Befreiung von quälenden Ängsten als Voraussetzung für ein gutes Leben betrachtet. Bücher erzählen von anderen Büchern. Nichts kommt aus dem Nichts. Das gilt auch für die Gestaltung von Mediensystemen. Und zur Zeit der griechischen Antike haben sich Erzählformen herausgebildet, die wir noch heute kennen.

Wenn wir an Geschichten denken, denken wir meist zuerst an die Handlung oder an die Figuren. Erzählungen sind jedoch auch in Räumen situiert. In diesen Räumen halten sich die handelnden Personen auf. Darüber hinaus wurden Räume konstruiert, um Inszenierungen vor einem größeren Publikum zu präsentieren. Der erste solche Raum war das Theater. Im Dionysos-Theater in Athen wurden Stücke von Euripides, Sophokles und Aischylos aufgeführt. Da es zu jener Zeit weder das Fernsehen noch das Kino gab, waren Theateraufführungen und Sportveranstaltungen das, was wir heute Medienevents nennen.

Die Philosophen der Antike machten sich Gedanken über die Wirkung der erfundenen Geschichten, die dem Publikum dort präsentiert wurden. Platon zum Beispiel betrachtete erfundene Geschichten generell als schädlich, weil Dramen seinem Eindruck nach Gefühle hochpeitschen, statt das vernünftige Denken zu fördern. Platons Schüler Aristoteles veröffentlichte erst nach dem Tod seines Lehrers sein Werk über die *Poetik* – möglicherweise, um Konflikte zu vermeiden. Um Einwänden zuvorzukommen, erklärte Aristoteles, die Dosis mache das Gift und stellte das Modell der Katharsis als eine Art Reinigungsritual dar. Aristoteles stimmt Platon zu in der Ansicht, dass die Vorführung eines Theaterstücks beim Publikum Gefühle auslöst und mit zunehmender Dramatik und Spannung verstärkt. Aristoteles beobachtet dabei folgende Reaktion des Publikums: Wenn die Handlung eines spannenden Stücks auf einen Höhepunkt zugespitzt wird, löst sich die Spannung auf – und zwar entweder in einem gemeinsamen Lachen oder Weinen. Das Resultat dieser – offensichtlich auf eigenen Sinneseindrücken beruhenden Beobachtungen von Aristoteles – war das erste und bis heute bekannteste Modell der Dramaturgie mit der Unterscheidung zwischen Komödien und Tragödien. Die aristotelische Dramentheorie beeinflusste fortan alle weiteren Formen des Erzählens bis in die Gegenwart, wobei sich auch populäre Modelle der Filmdramaturgie in Hollywood darauf beziehen.

Epikur lebte zu einer Zeit, in der Athen die Metropole der Welt war. Gleichzeitig breitete sich ein anderer Ort weiter aus: Rom. Es waren nur 150 Jahre, innerhalb denen Rom in rasender Geschwindigkeit von einem Dorf zu einem Imperium mit Weltmacht heranwuchs. Was damit alles einherging, davon erzählen einige außergewöhnliche Bücher.

RENÉ VAN ROYEN UND SUNNYVA VAN DER VEGT

GRIECHEN KOMMEN VON DER VENUS, RÖMER VOM MARS.

Eine etwas andere Einführung in die Antike

René van Royen und Sunnyva van der Vegt stellen in diesem im Jahr 2008 erschienenen Sachbuch die Geschichte der Ausbreitung des römischen Reiches am Beispiel eines namenlosen Bauern vor. Die Quelle dafür ist das zweite Buch der Römischen Geschichte (*de urbe condita*) des Geschichtsschreibers Titus Livius, der von einem Ereignis im Jahr 495 v. Chr. in Rom berichtet. Ein ehemaliger Bauer ist die Hauptfigur. Er war als Hauptmann im Sabinerkrieg. Während seiner Abwesenheit von zu Hause ist sein Hof abgebrannt und geplündert worden. Trotzdem fordert der römische Staat von ihm auch noch die Kriegssteuer. In der Folge muss der Mann sich Geld leihen und hoch verschulden. Der Zinssatz beträgt zu jener Zeit 16 Prozent und mehr pro Monat. Zum Vergleich mit heute:

Das würde bedeuten, dass bei einem Leihbetrag von 2000 Euro bereits nach zwei Jahren der Schuldbetrag auf 18.000 Euro anwachsen würde.

Als Folge muss der Bauer das Land verkaufen, das er von seinen Vorfahren geerbt hat. Doch damit nicht genug: Livius berichtet vom Rücken des Bauern, der mit blutigen Verletzungen einen schrecklichen Anblick bot, weil ein Gläubiger ihn mit einer Peitsche geschlagen hat. Der namenlose Bauer macht öffentlich, was ihm passiert ist. Daraufhin versammelt sich eine Menge von Menschen, die dasselbe Schicksal getroffen hat, auf dem Forum in Rom. Es stellt sich heraus, dass es sich um kein Einzelschicksal handelt. Und als nächste Stufe nach der Folterung folgt etwas noch Schlimmeres: Die Versklavung!

Eine aufgebrachte Menschenmenge macht in jenem Sommer in Rom ihrer Empörung über diese Zustände Luft. Unter dem Druck der Masse treten die Senatoren Roms zusammen – wenn auch nur äußerst widerwillig. Das Problem: Die Senatoren sind diejenigen, die die Kriegsgesetze zum einen selbst erlassen, zum anderen auch selbst davon profitieren. Es ist die Gesetzgebung, die es ihnen ermöglicht, weit unter dem Preis ganze Bauernhöfe samt Ländereien und Bediensteten zu kaufen.

Ein Senator namens Appius Claudius nutzt seine Machtposition, um hart gegen die Protestierenden vorzugehen, die er als »Unruhestifter« bezeichnet. Währenddessen sind feindliche Truppen im Anmarsch auf Rom. Angesichts dieser Gefahr wird vom Senat eine Notverordnung herausgegeben. Diese Notverordnung besagt, dass im Unterschied zum bisherigen Gesetz nun auch verschuldete Bauern in den Krieg ziehen dürfen. Für viele der römischen Bauern scheint dies ein Ausweg aus der Sklaverei zu sein. Um ihren Gläubigern zu entkommen, melden sich zahlreiche hoch verschuldete Männer freiwillig für den Kriegsdienst und leisten den Fahneneid.

Im Krieg mit den Volskern habe gerade die Tapferkeit und Einsatzbereitschaft dieser Bauern alle anderen in den Schatten gestellt, kommentiert Livius die Folgen dieser Zustände. René van Royen und Sunnyva van der Vegt schließen daraus, dass der aufgepeitschte, wütende Gemütszustand der römischen Soldaten keineswegs nur eine Nebensache war, sondern entscheidend zum Sieg des römischen Heeres beigetragen hat. Es war offenbar ausgerechnet die verzweifelte Lage der Soldaten, die sie besonders erbittert kämpfen ließ!

Das Resultat: Der römische Konsul kann sein Heer ruhmgekrönt zurückführen – und profitiert abermals. In einer schier unlösbaren Verkettung geht es weiter: Der römische Senat hebt nach der Rückkehr der Soldaten die Notverordnung wieder auf. Der Status der versklavten Bauern aber bleibt entgegen der Versprechungen der alte und die Bauern fühlen sich entsetzlich betrogen. Die Senatoren aber stellen fest, dass sie fortan nicht einmal mehr die Wut der Bürger zu fürchten brauchen, sondern sie im Gegenteil sogar bestens nutzen können. Sie lässt sich in Kampfgeist umfunktionieren und führt zu militärischen Siegen.

Die Folge ist, dass das Römische Reich sich immer weiter ausbreitet, weil kein Heer auf der Welt zu jener Zeit so wütend auftritt wie das der Römer. Der Krieg wird zum Ventil für angestaute Wut. Für diejenigen, die davon profitieren, führt dieses Vorgehen zu immer noch mehr Macht und Reichtum. Und die Habgier der Senatoren kennt keine Grenzen. In einem Zeitraum von nur 150 Jahren erobert Rom nicht nur ganz Italien, sondern dringt über Sizilien hinaus auch bis nach Spanien und Nordafrika vor.

Die Kreditgesetze von Rom aber sind rund 150 Jahre später, im Jahr 352 v. Chr. immer noch dieselben. Die Bürger erhalten keinerlei Beteiligungen an den Gewinnen, die die Beutezüge des römischen Heeres einbringen. Nur eine kleine Veränderung gibt es endlich: Die Schuldner können im Fall der Zahlungsunfähigkeit nicht mehr versklavt werden.

René van Royen und Sunnyva van der Vegt zeigen, wie mit der Darstellung von Ereignissen in Geschichtsbüchern Mythen geschaffen werden. Dazu gehören der Mythos vom römischen Helden und der Mythos vom ewigen Rom. Die herausgehobenen Eigenschaften der Hauptfigur des von Livius dargestellten Dramas sind die Tapferkeit und der Kriegsruhm. Ein Kennzeichen der Geschichtsschreibung selbst wird aber, dass emotional aufwühlende Ereignisse in Form von sachlichen Berichten mit kalten Zahlenlisten präsentiert werden. René van Royen und Sunnyva van der Vegt stellen fest, dass dies seinen Höhepunkt findet in den Berichten des Julius Cäsar (100–44 v. Chr.), der in *Der gallische Krieg* die Zahl der getöteten Menschen auflistet wie Gegenstände in einem Lexikon: Kühl und ohne jede Emotion. Cäsar aber erobert in den Jahren 58–51 ganz Gallien. Die Expansion Roms scheint unaufhaltsam.

Begleitend zu diesen Vorgängen wird in Rom zu jener Zeit ein neues »Mediensystem« installiert: Aus den Theatern der Griechen werden Arenen.

NANCY H. RAMAGE UND ANDREW RAMAGE

DAS ALTE ROM.
LEBEN UND ALLTAG

*E*s gibt viele Bücher, in denen das Kolosseum beschrieben wird. Doch nur wenige vermitteln so sehr das Gefühl, »mittendrin« zu sein, wie der Bildband von Nancy H. Ramage und Andrew Ramage aus dem Jahr 2012. Es sind nicht nur die zahlreichen Fotos, Skizzen und Beschreibungen, aus denen weit mehr hervorgeht als nur eine Aufzählung von Fakten. Dieses Buch lässt erleben, wie das Erzählen von Geschichten mit der Gestaltung von Räumen in Verbindung steht.

Das Lesen eines Buches ist prinzipiell ein individueller Vorgang. Doch wenn Geschichten für Menschen in größeren Gruppen als Inszenierungen präsentiert werden, kann Erzählen zum Ereignis werden, zum Event. In der griechischen Antike gab es dafür zwei Haupttypen von Räumen. Der eine war das Amphitheater, in dem Komödien und Tragödien aufgeführt werden. Der andere war das Hippodrom, der Zirkus – in der Frühform eine lange, schmale Arena, in der Wagenrennen veranstaltet werden.

Ramage und Ramage zeigen am Beispiel der Architektur des Kolosseums, wie die Grundideen und Funktionen dieser beiden in Griechenland konzipierten Räume während der Herrschaftszeit des Römischen Imperiums deformiert worden sind. Das Kolosseum ist das größte Amphitheater der antiken Welt – nach Schätzungen konstruiert für eine Besuchermenge von rund 50.000 Menschen. Es verbindet Elemente des Theaters und des Zirkus zu einem neuen Raum, der Arena. Doch im Unterschied zum Original aus der griechischen Antike werden hier nur noch grausame Gladiatorenkämpfe vorgeführt.

Im Arena-Raum dient alles der Dramatisierung und Überhöhung. Sitzreihen ziehen sich steil nach oben. In unterirdischen Gängen werden wilde Tiere gehalten. Von deren Käfigen führen Rampen nach oben, die dramatische Auftritte ermöglichen. Gladiatoren gelangen durch tunnelartige Ausgänge ans Tageslicht. Hier findet kein sportlicher Wettkampf mehr statt, hier werden nur noch blutrünstige Spektakel inszeniert. Raubtiere werden auf Menschen gehetzt. Das Zerfetzen von Körpern wird zur Unterhaltung erklärt. Und noch heute ist der Ausdruck des Satirikers Juvenal geläufig, der *Brot und Spiele* sarkastisch als die beiden größten Wünsche seines Volkes zusammenfasst.

Nancy H. Ramage und Andrew Ramage zeigen auch, welche Bedeutung diesem zentralen Mediensystem des antiken Roms schon nach dem Kalender zukommt: Zur Zeit des Kaisers Claudius gibt es 159 öffentliche Feiertage, wobei an nicht weniger als 93 Tagen öffentliche Spiele veranstaltet werden. Das bedeutet umgerechnet rund zwei Tage pro Woche, also so etwas wie ein permanentes Wochenend-Programm. Die Kaiser sichern sich ausgerechnet mit diesen blutrünstigen Showveranstaltungen ihre Beliebtheit beim Volk. Das Grundprinzip der Spiele ist ein Wettbewerb zwischen Mensch und Mensch oder Mensch und Tier, wobei das Ende als Spielregel die Konfrontation mit dem Tod vorgibt. Der Kaiser darf über Tod oder Leben der Verlierer entscheiden. Das Publikum kann mitbestimmen. Wenn es »missum« schreit, hebt der Kaiser den Daumen nach oben, was Überleben bedeutet, aber nicht Freiheit. Ruft die Meute »jugula«, dann ist das Todesurteil gefällt.

Es ist sicherlich kein Zufall, dass griechische Philosophen genau parallel zu diesen Entwicklungen in Rom zunehmend unbeliebter werden. Dies gilt insbesondere für Repräsentanten derjenigen Philosophie, die körperliches und seelisches Wohlbefinden an erste Stelle setzen und sogar als Ziel und Sinn eines guten Lebens betrachten: Die Epikureer.

MANFRED FUHRMANN

GESCHICHTE DER RÖMISCHEN LITERATUR

ie Geschichte der Zensur ist mit der Geschichte aller
Mediensysteme eng verbunden. Manfred Fuhrmann benennt in seinem Grundlagenwerk der Literaturgeschichte, das
erstmals 1999 erschienen ist, die Quelle des Begriffs. Es gab
tatsächlich einen Marcus Porcius Cato Censorius (234–149 v.
Chr.), der Roms erster Prosaschriftsteller war und zugleich das
Amt des Zensors in besonders radikaler Art und Weise aus-
übte. Manfred Fuhrmann übermittelt dazu Hinweise, die auf-
schlussreich bezüglich des Verhaltens der Römer gegenüber
Epikur sind.

Im Jahr 173 v. Chr. befiehlt Censorius, dass zwei griechische Philosophen Rom verlassen müssen, die Epikureer sind.
Zwölf Jahre später, also 161 v. Chr., erwirkt Censorius sogar die
Ausweisung aller griechischen Intellektuellen aus Rom. Weitere sechs Jahre später erscheint eine griechische Delegation,
um sich zumindest wieder in einem Gespräch auszutauschen.
Die Athener schicken Gesandte von drei Philosophenschu-

len, nämlich der platonischen Akademie, des aristotelischen Peripatos und der Stoa. Es gibt aber eigentlich vier Gesandte. Doch der vierte gehört dem epikureischen Kepos an und deshalb wagen die Athener nicht, ihn nach Rom mitzuschicken: Sie befürchten, dass sonst der gesamten Gruppe die Einreise verweigert würde.

Epikur ist zu diesem Zeitpunkt bereits seit rund 100 Jahre tot. Doch dass er das Wohlbefinden, das körperliche wie das seelische, zum wichtigsten Wert erklärt hat, steht offensichtlich im Gegensatz oder Konflikt zu allem, was das römische Imperium propagiert. Daraus erklärt sich, dass die Feindseligkeit gegen die epikureische Lehre proportional zur Ausbreitung des römischen Imperiums wächst – und zwar nahezu ins Unermessliche.

Es gehört wohl zu den befremdlichsten Phänomenen überhaupt, dass eine versammelte Menschenmenge Todesspektakel als »Unterhaltung« empfinden kann. Wer epikureisch philosophiert, nimmt dies zur Kenntnis und sucht trotz des jeweiligen Zustands dieser Welt die eigene Lebenszeit so gut wie möglich zu gestalten. Auch in der Auswahl von Geschichten.

YANN MARTEL

SCHIFFBRUCH MIT TIGER

Der Roman *Schiffbruch mit Tiger* des kanadischen Schriftstellers Yann Martel aus dem Jahr 2002 erzählt von einem jungen Mann, der als Schiffbrüchiger zusammen mit einem Tiger auf einem Boot überlebt. Ein Mann und ein Tiger auf engstem Raum: Nach dem Konzept »Brot und Spiele« aus dem römischen Kolosseum könnte damit der Erzählverlauf bereits vorgegeben sein. Denn die Anordnung der Figuren, ein Mann und ein Tiger in einem Schiff, ließe einen blutigen Zweikampf erwarten. Auch in der Gegenwart gibt es genügend Beispiele dafür, wie aus solchen Konstellationen Medienprodukte in unendlicher Fortsetzung konstruiert werden – ob als Roman, als Film oder als Computerspiel.

Doch hier wird das Prinzip umgekehrt. Der Tiger trägt einen Namen, Mr. Parker. Er lebte früher in einem Zoo. Der Schiffbrüchige heißt Pi, wie die Zahl, die für die Unendlichkeit steht. Und diese Geschichte erzählt davon, wie gerade das unberechenbare Raubtier zum Retter wird – weil es den Menschen Wachsamkeit lehrt. Denn ohne den Tiger würde der Schiffbrüchige im Meer ertrinken oder entkräftet einschlafen, aufgeben, verzweifeln – was immer das Schlimmste für einen Menschen allein auf hoher See in einem Boot sein mag.

Diese Geschichte vermittelt eine gänzlich andere Botschaft als das Gemetzel der Gladiatorenkämpfe – obwohl sich genau dieselben Hauptfiguren gegenüberstehen. Ein Mensch und ein Raubtier.

Auch die Verfilmung des Romans *Schiffbruch mit Tiger* unter der Regie von Ang Lee aus dem Jahr 2012 kommt ohne die Zurschaustellung von Gewaltorgien aus – und glänzt gerade deshalb durch atemberaubende Bilder. Dieselbe Bemerkung trifft übrigens auch auf andere Verfilmungen von in diesem Buch genannten Romanbeispielen zu. Ein Kinofilm kann ein Event sein, ein Medienereignis. Was das gemeinsame Anschauen von Filmen alles auslösen kann, davon gibt ein Buch eines französischen Schriftstellers und Filmkritikers einen besonders lebhaften Eindruck.

DAVID GILMOUR

UNSER ALLERBESTES JAHR

*D*avid Gilmour erzählt in seinem erstmals 2007 erschienenen Roman die Geschichte von einem Vater und seinem Sohn, David und Jesse. Sie scheinen sich fremd geworden zu sein und bald werden sich ihre Wege trennen, weil Jesse erwachsen wird. Es geht Jesse, dem Sohn, zu Anfang dieser Geschichte nicht gut. Vor allem will er nicht mehr zur Schule gehen. Doch was immer David, der Vater versucht, um ein Gespräch darüber in Gang zu bringen – Jesse bleibt zunächst unerreichbar, distanziert. Bis David auf die Idee kommt, für eine begrenzte Zeit das gemeinsame Anschauen von Filmen zur einzigen Pflicht zu machen.

Vater und Sohn schauen sich zusammen unzählig viele Filme an – Filme, die dem Vater etwas bedeuten, und die der Sohn alle nicht kennt. Die Reaktion fällt jedesmal völlig anders aus als erwartet. Wenn Jesse in einem Nebensatz Holly Golightly aus *Frühstück bei Tiffany* als Prostituierte bezeichnet, ist David angesichts dieser für ihn so bezaubernden Filmfigur mehr als verdutzt. Bei anderen Filmen, die David lieb und wichtig sind, schweigt Jesse einfach nur.

Am Ende eines gemeinsamen Jahres verlässt Jesse das Haus. Ablösung und Trennung wird möglich. Der Vater kann den Sohn ziehen lassen, der Sohn seine eigenen Schritte in ein erwachsenes Leben gehen. Und das ist gut. Der Roman von David Gilmour erzählt davon, wie ein junger Mann auf das Anschauen von Filmen reagiert und wie sich durch Reden oder Schweigen über diese Filme eine Beziehung verändert – in diesem Fall eine Beziehung zwischen Vater und Sohn. Kommunikation, die zuvor blockiert war, wird wieder möglich.

Die Filme in diesem Beispiel eröffnen Gesprächsthemen, liefern Diskussionsstoffe, klären Positionen, können unterhalten, ablenken, entspannen oder zu neuen Gedanken anregen. Alles ist möglich, doch die Wirkungen sind nie vorhersehbar. Das ist der große Unterschied zur Dramaturgie der Arena. Um einen »kleinen Unterschied« mit ebenfalls großen Folgen geht es im nächsten Kapitel.

Lesen, um zu lesen, wie
leben um zu leben.
Wir kennen auch Leute, die
ins Kino gehen, um Filme zu
sehen, das heißt in einem
gewissen Sinn bewegte
Bilder. Manchmal ist es gar
nicht so wichtig, was der
Film zeigt oder erzählt.

JEAN-CLAUDE CARRIÈRE

KAPITEL 8

WIE KOMMEN FRAUEN WEITER?

*E*pikur war zu seinen Lebzeiten populär wie heute ein Popstar, doch rief er damit auch Feinde auf den Plan. Diogenes Laertius berichtet von einem Mann namens Diotimos, der obszöne Briefe geschrieben und diese mit Epikurs Namen unterzeichnet hat. Der falsche »Epikur« brüstet sich in diesen Briefen damit, dass er Schülerinnen und Schüler zur Prostitution angeleitet habe, um die Kassen seiner Schule zu füllen. Der Schwindel ist offensichtlich aufgeflogen – wie aus dem Bericht von Diogenes Laertius hervorgeht, der Diotimos als »Wahnsinnigen« bezeichnet: »Denn der Mann hat gütige Zeugen seines Wohlwollens gegen alle, und sein Vaterland hat ihn mit kupfernden Bildsäulen beehrt.«

Für Empörung sorgte auch, dass Epikurs Lebensgefährtin, die Hetäre Leontion, es gewagt hat, eigene Texte zu verfassen und in der damals üblichen Form von Brief-Disputen zu veröffentlichen. Hetären waren häufig hochgebildet. Im Unterschied zu Prostituierten wählten sie sowohl die Männer als auch ihre Art des Umgangs mit ihnen selbst aus, sodass sie im Vergleich zu verheirateten Frauen durchaus mehr Freiheiten genossen. Diogenes Laertius erwähnt einige Frauen, die sich in Epikurs Garten aufhielten, namentlich. Neben Leontion sind dies Marmarion, Hedeia, Erotion und Nikidion. Mehr als ihre Namen berichtet allerdings auch Diogenes Laertius kaum über sie. Mehrfach erwähnt wird eine Philosophin namens Themista, die mit einem Mathematiker namens Leonteos verheiratet war. Das Paar kannte Epikur bereits seit der Zeit in Lampsakos.

Warum wird die Geschichte der Philosophie bis heute als die Geschichte von bärtigen Männern erzählt?

CATHERINE NEWMARK

IM GARTEN VON EPIKUR

in: *Philosophinnen.* Sonderausgabe des Magazins
Philosophie vom Oktober 2019

*M*it der Bemerkung »weiser als Themista« wird in der Sonderausgabe *Philosophinnen. Eine andere Geschichte des Denkens* des Magazins *Philosophie* vom Oktober 2019 der Philosoph Marcus Tullius Cicero (106–43 v.Chr.) zitiert. Cicero entrüstete sich zwar gleichzeitig über Leontion, weil diese einen naturphilosophischen Disput mit dem berühmten Philosophen Theophrast wagte. Ciceros Bemerkung ist immerhin zu verdanken, dass Leontion »geistreich und in gutem attischen Stil« eigene Texte verfasst hat und damit nicht nur als »Gefährtin Epikurs« in die Geschichte eingegangen ist. Catherine Newmark macht in ihrem Beitrag *Im Garten von Epikur* die Bemerkung:

*»Ja, am Ursprung des bis heute wirkmächtigen und seit jeher
befremdlichen negativen Stereotyps über den Epikureismus,
das aus dieser Philosophie der Mäßigung einen ausschwei-
fenden Hedonismus machte, steht möglicherweise nichts anderes als die Empörung darüber, dass der Garten Epikurs
gemischtgeschlechtlich war.«*

Der naheliegende Zusammenhang, den Catherine Newmark
damit hervorhebt, wurde bisher in Publikationen über Epikur kaum so direkt benannt – lediglich die Unrichtigkeit des
Hedonismus-Vorwurfs wurde vielfach klargestellt. Catherine
Newmark weist zurecht auf die historische Tatsache hin, dass
das öffentliche Auftreten von Frauen in Epikurs Garten bereits zu dessen Lebzeiten sowie auch später zum Skandal erklärt wurde, und dass möglicherweise nicht nur, aber auch aus
diesem Grund gegen Epikur so auffallend heftiger und häufiger
polemisiert wurde als gegen irgendeinen anderen Philosophen
jener Zeit.

Zum Vorwurf des Hedonismus äußert Epikur sich auch
selbst in einem Brief.

BRIEF AN MENOIKEUS

Wenn er erkläre, dass Lust das Ziel des Lebens sei, meine er damit nicht Schlemmerei oder Genuss als Selbstzweck, schreibt Epikur in seinem *Brief an Menoikeus* – und fügt der Bemerkung wohl nicht zufällig hinzu, dass es Menschen gebe, die seine Lehre nicht verstehen, sie ablehnen oder böswillig auslegen würden.

Lust wird in diesem Brief als Freiheit von körperlichen und seelischen Schmerzen definiert, als Gegenteil von Leiden, als Freiheit von Beunruhigungen.

»Die Genügsamkeit halten wir für ein großes Gut« stellt Epikur fest. »Einfache Speisen gewähren das gleiche Vergnügen wie kostbare, wenn aller Schmerz, den der Hunger verursacht, weggeschafft wird.«

Und »Brot und Wasser gewähren das höchste Vergnügen, wenn sie einem Hungrigen vorgesetzt werden, sich also an einfache und nicht kostbar zubereitete Speisen gewöhnen bringt nicht allein völlige Gesundheit, sondern macht den Menschen auch unverdrossen zu allen Geschäften des Lebens, aber zuweilen einmal bei einer kostbaren Mahlzeit sich einfinden, macht uns besser und unerschrockener gegen das Schicksal. Wenn wir also sagen, die Vergnügungen sind das Endziel, so nennen wir damit nicht die Lüste der Schwelger und solche, die bloß im Genuss bestehen, wie einige Unwissende glauben, die mit uns nicht übereinstimmen oder uns missverstehen, sondern wir meinen damit, keinen körperlichen Schmerz und keine Unruhe der Seele zu haben.«

Dass er keineswegs für Ausschweifungen plädiert, sondern die Vorzüge des einfachen Lebens hervorhebt, betont der Epikur auch in seinen Lehrsätzen, den *Kyriai Doxai,* den »Hauptsätzen der Lehre.« Ein Teil davon ist ebenfalls durch die Philosophiegeschichte des Diogenes Laertius überliefert. Weitere wurden im Jahr 1888 im *Gnomologicum Vaticanum Epicureum* (Epikureische Spruchsammlung im Vatikan) entdeckt. Es sind Sätze wie die folgenden:

»Nichts genügt dem, dem das wenige nicht genügt.«

»Besser ist es, auf Spreu zu liegen und guten Mutes zu sein als unruhig auf einem goldenen Ruhebett zu liegen oder an einer reichbedeckten Tafel zu speisen.«

»Der Selbstgenügsamkeit größte Frucht: Freiheit.«

Auch Diogenes Laertius hebt hervor, dass Epikur »mit bloßem Wasser und Brot zufrieden« sei. Dabei zitiert er Epikurs folgenden Satz aus einem Brief an einen Freund:

»Schicke mir etwas Topfkäse, damit ich einmal lecker essen könne, wenn ich Lust habe.«

Bewusst für das eigene körperliche und seelische Wohlbefinden zu sorgen und gleichzeitig geschlechtsspezifische Ausgrenzungen aufzuheben, ist offensichtlich etwas grundlegend anderes als »Ausschweifung«.

Die Verweigerung von Grundrechten für Frauen ist ein Thema, das im Lauf der Geschichte unglaubliche »Blüten« getrieben hat – und leider auch heute noch nicht gänzlich der Vergangenheit angehört.

WENN MÄNNER MIR
DIE WELT ERKLÄREN

»Die Ehegesetze in der westlichen Welt haben über viele Jahrhunderte den Ehemann mehr oder weniger zum Besitzer und die Ehefrau zu seinem Besitz erklärt. Oder den Mann zum Gebieter und die Frau zur Dienerin oder Sklavin.«

Dieses Zitat stammt aus dem Buch *Wenn Männer mir die Welt erklären* von Rebecca Solnit (2014), die kulturelle und gesetzliche Ursachen für dieses titelgebende Phänomen gesucht hat. So trifft zum Beispiel der britische Richter Willam Blackstone 1765 folgende Feststellung zum englischen Gewohnheitsrecht, das später auch zum amerikanischen Recht wurde:

»Durch die Heirat werden Mann und Frau juristisch zu einer Person: das heißt, das schiere Dasein oder die rechtliche Existenz der Frau wird während der Ehe ausgesetzt oder zumindest mit der des Mannes zusammengeschlossen und ihr inkorporiert.«

Rebecca Solnit führt aus, wie als Folge solcher Regelungen das Leben einer Frau gänzlich von der Einstellung oder dem Charakter ihres Ehemannes abhing. Bis zu neuen Gesetzen in den Jahren 1870 und 1882 gehörten in Großbritannien in einer Ehe alle Güter dem Mann, während die Frau juristisch betrachtet mittellos war. Das galt sogar, wenn sie erbte oder selbst Geld verdiente.

Das Prügeln von Ehefrauen wurde ungefähr zur selben Zeit zwar erstmals sowohl in England als auch in den Vereinigten Staaten gesetzlich untersagt, aber der Einhaltung dieses Verbotes wurde wenig Geltung verschafft. Eines der Beispiele, die Rebecca Solnit dazu anführt, sind die Memoiren der Schriftstellerin Edna O'Brien, deren erster Mann vernichtend auf ihren literarischen Erfolg reagierte und sie sogar zwang, ihre Schecks auf ihn zu überschreiben. Als Edna O'Brien sich bei einem hohen Scheck für den Verkauf von Filmrechten weigerte, ihn ihrem Ehemann zu überschreiben, wurde dieser gewalttätig und würgte sie. Die Schriftstellerin ließ sich auch davon nicht einschüchtern. Sie meldete den Fall der Polizei. Doch dort wurde ihr die Hilfe verweigert.

In einem Querschnitt von der Geschichte zur Gegenwart kommt Rebecca Solnit zu dem Schluss, dass ein regelrechter Krieg herrsche. Dessen Ausgangspunkt sei stets, dass Frauen mundtot gemacht und aus dem öffentlichen Raum vertrieben würden. Rebecca Solnit stellt fest, dass Frauen auch heute noch fortwährend beurteilt und häufig abgewertet werden:

»Dann wären noch die ganzen Boulevardblätter, die unentwegt Körper und Privatleben berühmter Frauen überwachen und stets etwas auszusetzen haben – zu dick, zu dünn,

zu sexy, nicht sexy genug, zu sehr Single, gebärt noch nicht, vertut die Chance zu gebären, hat geboren, erzieht aber nicht richtig –, und immer ist die zugrunde liegende Annahme, das Ziel all dieser Frauen sei nicht, eine große Schauspielerin oder Sängerin oder Stimme für die Freiheit oder Abenteurerin zu sein, sondern Frau und Mutter.«

Solnit fügt hinzu, dass in Mode- und Frauenzeitschriften viele Seiten darauf verwendet werden, wie diese vorgegebenen Ziele erreichbar und entsprechende »Defizite« zu erkennen wären.

Die Vorstellung hinter solchen Konzepten ist der Boden, auf dem gedeiht, was nach Rebecca Solnits Beobachtung jede Frau kennt: Da sind all die selbstgefälligen Schwadronierer, die insbesondere noch sehr junge Frauen brutal zum Schweigen bringen können. Da sind all die Selbstzweifel und Unsicherheiten von Frauen als Folgen entsprechender Erfahrungen. Und da sind all die Selbstbeschränkungen von Frauen als weitere Folgen.

Rebecca Solnit beobachtet und analysiert, was im Detail vor sich geht. Dass dabei Vieles unbewusst bleibt, ist Teil des Problems. Doch in diesem Buch geht es vor allem um Lösungen. Ein zentraler Punkt dabei ist die Frage, wie Frauen ihre gute Laune zurückgewinnen können. Rebecca Solnit beendet eine Geschichte aus ihrem eigenen Erfahrungsbereich mit dem Lachen einer Gruppe von Frauen und den Worten: »Und wir lachen immer noch.«

Diese Bemerkung kommt einem Satz von Epikur sehr nahe. Denn dieser empfahl: »Lachen soll man und zugleich philosophieren.«

ASTRID LINDGREN

PIPPI LANGSTRUMPF

und

JENS ANDERSEN

ASTRID LINDGREN

*E*s gibt unzählig viele Gründe zum Lesen oder Wiederlesen von Astrid Lindgrens *Pippi Langstrumpf* – sowie möglichst vieler weiterer Werke dieser wunderbaren Kinderbuchautorin. Einer davon ist die Tatsache, dass es für Mädchen und Frauen nach wie vor nur wenig Rollenvorbilder gibt, die für ein selbstbestimmtes Leben förderlich sind. Noch mehrdimensionaler wird die Lektüre vor dem Hintergrund der im Jahr 2015 erschienenen außergewöhnlichen Biographie von Jens Andersen über Astrid Lindgren (1907–2002). Den weltweiten Erfolg, insbesondere der Romanfigur *Pippi Langstrumpf* aus dem Jahr 1945, führt Andersen auf den Punkt zurück, dass es Pippis hemmungslose Kraft gewesen sei, die die jungen Zuhörer von Anfang an in Bann geschlagen habe.

Wie aber kommt es, dass die »gewaltfreie Pippi-Power« so legendär geworden ist? Auf der Suche nach Antworten auf diese Frage analysiert Jens Andersen eine Fülle von Fakten und Quellen. Die einzigartige Zusammenstellung mit Auszügen aus Briefen, Berichten, Interviews oder Fotos verdichtet sich zu einem Bild, das weit über die bloße Biographie einer Einzelperson hinausgeht.

»Die Figur Pippi Langstrumpf wurzelt in den Schrecken des Zweiten Weltkriegs und in Astrid Lindgrens Abscheu vor Gewalt, Demagogen und totalitären Ideologien.« Mit dieser Bemerkung bezieht sich Jens Andersen auf ein einzigartiges Dokument, das die Schriftstellerin hinterlassen hat, ihr »Kriegstagebuch« – das sich zu einem »Nachkriegstagebuch« bis in das Jahr 1961 hinein erweitert hat. In diesem Manuskript kleben Zeitungsausschnitte, flankiert von handschriftlichen Notizen, die Astrid Lindgren als Sortierung der Weltereignisse bezeichnet, auch »um zu sehen, wie es uns beeinflusst.«

Im Sommer 1941 macht die Familie Lindgren Urlaub auf der Insel Furusund in den Stockholmer Schären. Dort grollen an den Abenden von fern die Gefechte an der finnisch-russischen Ålandsee.

Am 28. Juni schreibt die Schriftstellerin in ihr Tagebuch: »Hier wollte ich eigentlich Hitlers Rede zum Kriegseinbruch einkleben, aber die muss an einer späteren Stelle folgen. Ich sitze in meinem Bett und blicke nach einer unruhigen Nacht mit einem Kampf gegen Mücken und Kanonendonner in der Ferne über das regendunstige Meer.«

Bereits 1941 macht Astrid Lindgren erste Notizen zu *Pippi Langstrumpf*. Im Mai 1944 stellt sie das Buch fertig, 1945 wird es erstmals publiziert. Inspirationen dazu lieferte ihren Unterlagen nach auch die amerikanische Figur *Superman*, zunächst bekannt unter dem Namen *Der Titan von Krypton*, später als *Der Mann aus Stahl* – und in beiden Fällen ein Pazifist mit Superkräften. Auch das »stärkste Mädchen« der Welt ist eine fröhliche Pazifistin, die Widerstand gegen alle Formen physischer Gewaltanwendung leistet.

»Die Phantasiefigur Pippi Langstrumpf erblickte im Frühjahr 1941 das Licht der Welt, in einer der kritischsten Phasen des Zweiten Weltkriegs für die alliierten Westmächte.« Jens Andersen fügt dieser Feststellung hinzu, dass auch Personen, die an dem Wahnsinn Schuld hatten, für Pippi-Geschichten von Bedeutung waren. Denn Lindgrens Tagebucheinträge hätten sich »stellenweise zu einer kleinen Psychoanalyse von Hitler, Stalin und Mussolini entwickelt.«

Aus Szenen wie der von Benno und seiner Schlägerbande, die den kleinen Willi umzingeln, zieht Andersen Parallelen zu Astrid Lindgrens Tagebucheinträgen und dem Terror der Nazis, die gewaltsam »Lebensraum« im Osten forderten. Pippi Langstrumpf muss sich mit einem Zirkusdirektor namens »der schdarke Adolf« auseinandersetzen, der unbesiegbar scheint. Einige komische bis parodistische Aspekte dieser Figur vergleicht Jens Andersen mit Charlie Chaplins Film *Der große Diktator* aus dem Jahr 1940.

Ebenso faszinierend liest sich die Geschichte darüber, wie es kam, dass *Pippi Langstrumpf* publiziert und ein Welterfolg wurde. Es hätte als Beispiel auch in das im Kapitel *Wie gelingt ein selbstbestimmtes Leben?* erwähnte Buch *Überflieger* von Malcolm Gladwell passen können: Niemand schafft es alleine. Das gilt sogar für die große Astrid Lindgren.

Eine besondere Rolle spielt im Fall Pippi Langstrumpf eine unermüdlich treibende Kraft in der schwedischen Kinderkultur der Nachkriegszeit. Sie heißt Elsa Olenius, ist tätig als Kinderbuchbibliothekarin, Theaterpädagogin und Lektorin, betreibt ein Kindertheater und ist darüber hinaus auch noch Mitglied zahlreicher Jurys. Das Manuskript von *Pippi Langstrumpf* liest sie, weil Astrid Lindgren damit zu ihr in die Bibliothek kommt. Elena Olenius findet die Figur Pippi Langstrumpf auf Anhieb sensationell – wobei sie einige kleine Änderungen im Manuskript für notwendig hält.

Astrid Lindgren folgt den Empfehlungen von Elsa Olenius, zu denen auch die Teilnahme an einem Kinderbuchwettbewerb gehört. Dort begeistert sich zunächst nur eine einzige weitere Person, nämlich der schwedische Erfolgsautor Gösta Knutsson, Autor der Petter-Schwanzlos-Bestseller, für die ungewöhnliche Kinderbuchfigur Pippi. Doch trotz einiger Widerstände und Bedenken von anderen Seiten gewinnt Astrid Lindgren schließlich den Preis.

In der Folge ist es erneut Elsa Olenius, durch die der nächste Schritt passiert: Mit einer Büchersendung im schwedischen Rundfunk sorgt sie für weiteres großes Interesse und 1946 folgt eine Theaterfassung, die ein großer Erfolg auch für die Theatertruppe von Elsa Olenius wird. Für den Verlag Rabén & Sjögren, der zu dem Zeitpunkt kurz vor dem Konkurs steht, bedeutet der Erfolg von *Pippi Langstrump* die Rettung. Denn er wird plötzlich zum führenden Kinder- und Jugendbuchverlag des Landes.

Eine »Frisur, die sich niemals in einen Stahlhelm pressen lassen würde«, kommentiert Jens Andersen die Visualisierung von Pippi Langstrumpf durch Ingrid Vang Nymans Illustrationen. Andersen beschreibt Ingrid Vang Nymans Pippi-Interpretation als »komische Distanz zu all den verstörenden Bildern von stiefeltragenden Heerführern und Soldaten, die die Medien eine Reihe von Jahren geprägt hatten.« Es sei das »Pippi-Fieber« das »nach sechs verfluchten Kriegsjahren für Stimmung und Radau sorgte«, stellt Jens Andersen fest, wobei auch die Umschlagillustration von Ingrid Vang Nyman einen wichtigen Anteil hatte. Und mehr noch: »Zusammen bildeten die drei Frauen eine Troika der schwedischen Kinder- und Jugendliteratur, die in den Vierzigerjahren ihren Einfluss in der Tagespresse, im Rundfunk, der Verlagsbranche und dem Bibliothekswesen geltend machten.«

1945 sei Pippi Langstrumpf von zwei Kinderbuch-Rezensentinnen als ein wahrer Befreiungssschlag begrüßt worden. Mit dieser Bemerkung verweist Andersen auf Besprechungen von Eva von Zweigbergk und Greta Bolin. Bei soviel öffentlicher Aufmerksamkeit folgen jedoch prompt einige Reaktionen, die bestens in das zuvor genannten Buch von Rebecca Solnit passen würden. So meldet sich im Herbst 1946 ein Mann zu Wort, der im kulturellen Leben Schwedens als ausgesprochen einflussreich gilt: John Landquist, Professor der Universität von Lund mit Vorlesungen über Psychologie, Pädagogik und Literatur, Literaturkritiker, Übersetzer der Schriften Sigmund Freuds und Freudianer. Landquist schreibt einen Verriss des Pippi-Buches, und hält sich darüberhinaus für befugt, auch noch eine Zeitung zu tadeln, die zuvor eine positive Rezension darüber veröffentlichte. Astrid Lindgren bezeichnet er am

18. August 1946 im *Aftonbladet* als »mittelmäßige Autorin« und »phantasielose Dilettantin«, Pippi Langstrumpf erklärt er für »geistesgestört« und »krankhaft«, als Überschrift schreibt er: »Schlecht und preisgekrönt«.

Dass diese Art von Selbstgefälligkeit nicht nur bei Frauen, sondern auch bei Männern einer jüngeren Generation nicht mehr ankommt, zeigt sich schon kurz darauf. Der junge Lennart Hellsing, selbst Kinderbuchautor, nimmt Bezug auf obengenannten Verriss und schreibt im November 1946 im *Aftontidningen*: »Mit ihrer Pippi Langstrumpf hat Astrid Lindgren ein Loch in die Mauer aus Moralismus, Sentimentalität und Süßlichkeit geschlagen, die seit Jahrzehnten die schwedische Kinderliteratur umgeben hat.« Lennart Hellsing stellt selbstbewusst fest, dass die Leserschaft begreifen müsste, dass Autoren wie Tove Jansson, Astrid Lindgren und er selbst jetzt die Avantgarde seien. Und Astrid Lindgren reagiert auf ihre Kritiker mit der nicht minder deutlichen Bemerkung: »Ich wünschte mir wirklich, dass wir Erwachsenen bald lernen würden, die Kinder zu respektieren.«

Um den Respekt vor einem Mädchen geht es auch in einem Märchen, das Teil der Sammlung der Gebrüder Grimm aus den Jahren 1812–1858 sowie tschechischer Märchen von Božena Němcová (1820–1868) und Karel Jaromír Erben (1811–1870) ist. Der Erzählverlauf ist in beiden Versionen ähnlich. Und J. Prätorius hat schon 1669 im *Abenteuerlichen Glückstopf* ein ähnliches Märchen erzählt.

GEBRÜDER GRIMM

oder

KAREL JAROMÍR ERBEN & BOŽENA NĚMCOVÁ

DIE DREI SPINNERINNEN

*D*as Märchen von den *Drei Spinnerinnen* beginnt damit, dass ein Mädchen von seiner Mutter zum Flachsspinnen gezwungen werden soll, das Kind sich jedoch vehement wehrt. Als seine Mutter es deshalb schlägt, schreit es laut. Das hat Folgen. Denn eine Königin hört das Schreien und fragt nach den Gründen dafür.

Nun schämt sich die Mutter – allerdings nicht etwa für ihre eigene Gewalttätigkeit, sondern für das Verhalten ihrer Tochter, das sie als »Faulheit« bezeichnet oder empfindet. Der Königin tischt sie deshalb eine Lüge auf: Sie behauptet, ihre Tochter würde immerzu spinnen wollen, doch sie selbst sei zu arm, um genug Flachs dafür herbeizuschaffen. Die Reaktion der Königin entspricht zunächst genau den Absichten der Mutter: Die Königin will das Mädchen mit zu sich ins Schloss nehmen. Die Mutter erlaubt es, erfreut und erleichtert.

Das Mädchen sitzt also erneut in derselben Falle. Kaum im Schloss angekommen, verlangt die Königin ebenfalls von ihm, dass es spinne. Das Kind wird überschüttet mit Arbeit. Das

Märchen beschreibt die Menge des Flachses als riesig, nämlich »drei Kammern voll«. Das Mädchen gerät in Bedrängnis, denn es »konnte den Flachs nicht spinnen und wär's dreihundert Jahr alt geworden und hätte jeden Tag vom Morgen bis Abend dabei gesessen.«

Die Königin verspricht, dass das Mädchen nach Beendigung der offensichtlich völlig unmöglich zu bewältigenden Aufgabe ihren Sohn, also den Königssohn, zum Gemahl bekommen solle. An der misslichen Lage kann dieses Versprechen keineswegs etwas ändern. Betrübt tritt das Mädchen vor das Fenster. Es ist verzweifelt und einsam. In seiner bitteren Not weiß es nicht weiter. Doch da geschieht etwas höchst Unerwartetes: Es tauchen drei – schon ältere – Frauen auf, die das Kind vor dem Fenster sehen. Ihr Äußeres wird in körperlichen Merkmalen beschrieben, die ins Auge fallen, wenngleich nach gängigen Maßstäben nicht unbedingt vorteilhaft. Denn die erste Frau hat einen breiten Plattfuß, die zweite eine riesige über das Kinn hinabhängende Unterlippe und die dritte fällt auf durch einen enorm breiten Daumen.

Die drei Frauen schauen zum Fenster hoch, und fragen das Mädchen, was ihm fehle. Als das Mädchen sich ihnen anvertraut, passiert etwas wirklich Neues. Denn die Reaktion dieser drei Frauen ist gänzlich anders als die der Mutter und der Königin zuvor. Zunächst versprechen sie dem Mädchen, ihm zu helfen. Sie stellen nur eine Bedingung dafür, nämlich, dass sie zur Hochzeit des Mädchens mit dem Prinzen eingeladen werden möchten und das Mädchen sich ihrer dabei nicht schämen sollte. Das Mädchen nimmt das Angebot dankbar an. Die drei Frauen verrichten daraufhin heimlich und versteckt den schier unmöglich zu bewältigenden Berg an Arbeit, den die Königin von dem Kind verlangt hat.

Die Aktion läuft im wahrsten Sinne des Wortes wie am Schnürchen: »Die eine zog den Faden und trat das Rad, die andere netzte den Faden, die dritte drehte ihn und schlug mit dem Finger auf den Tisch, und so oft sie schlug, fiel eine Zahl Garn zur Erde, und das war aufs feinste gesponnen.«

Und das Ergebnis ist großartig. Hocherfreut hält die Königin ihr Versprechen. Und auch das Mädchen macht, was es den drei Frauen versprochen hat: Es lädt sie zu ihrer nun folgenden Hochzeit mit dem Königssohn ein.

In anderen Märchen ist damit die Geschichte der weiblichen Heldinnen häufig zu Ende. In dieser Geschichte nicht. Denn als der Prinz die drei ihm bisher unbekannten weiblichen Gäste sieht, stellt er ihnen Fragen: Warum habe die eine Frau einen so breiten Fuß? Die Frau antwortet, das komme vom Treten. Der Prinz fragt weiter: Warum habe die andere Frau eine herunterhängende Lippe? Die Antwort lautet: Das komme vom Lecken. Und als der Prinz nach dem breiten Daumen der dritten Frau fragt, erhält er die Antwort: Vom Fadendrehen. Da erschrickt der Bräutigam und fordert ebenfalls ein Versprechen: Seine schöne Braut soll nie wieder ein Spinnrad anrühren! Das Märchen endet mit dem Satz: »Damit war sie das böse Flachsspinnen los.«

Dass Lösungen überraschend anders sein können als erwartet, zeigen auch die folgenden Ergebnisse einer außergewöhnlichen Untersuchung aus dem Jahr 2016.

IRIS BOHNET

WHAT WORKS

Wie Verhaltensdesign die Gleichstellung
revolutionieren kann

»Nicht die Frauen müssen sich ändern, sondern die Spielregeln«, meint Iris Bohnet. Eines der prägnantesten Beispiele,
die sie dafür anführt, ist die Besetzung von Orchestern. Es war
erst 1997, dass die Wiener Philharmoniker das erste weibliche Orchestermitglied aufgenommen haben. Jahrzehntelang
hatten auch Orchester in den USA einen Frauenanteil von
nur 5 Prozent. Das heißt, dass beim Vorspielen Frauen häufig
durchfielen.

Ein Experiment mit einem Vorhang brachte jedoch verblüffende Ergebnisse: Denn sobald die Jury nicht mehr sehen
konnte, wer spielt, stieg der Frauenanteil steil an. Das Boston
Symphony Orchestra lud deshalb in den 1970er Jahren als erstes zum Vorspielen hinter einem Wandschirm ein und andere
Orchester folgten dem Beispiel. Schnell stellte sich Folgendes
heraus: Die Wahrscheinlichkeit, dass eine Frau eine Runde

weiter kam, stieg durch dieses Verfahren um 50 Prozent! Das Ergebnis des Experiments hat sich herumgesprochen und dazu geführt, dass heute der Frauenanteil in den fünf wichtigsten Orchestern der USA immerhin 35 Prozent beträgt.

Iris Bohnet ist Professorin für Verhaltensökonomie und verwendet analog zum Design von Architektur und Gegenständen den Begriff Verhaltensdesign. Dass das Thema der Schärfung der Wahrnehmung im Zentrum all ihrer Untersuchungen steht, lässt sich aus den Versuchsanordnungen ableiten. Bohnet stellt fest, dass Verhaltensdesign überall wirkt und dass niemand gegen Voreingenommenheit gefeit ist. Das Erleben männlicher Rollenvorbilder hat ihren Untersuchungen nach Einfluss darauf, was Mädchen im Vergleich zu Jungen grundsätzlich für sich selbst für möglich halten – und was nicht. Sehen heißt gleichzeitig immer auch glauben.

Die Gegenüberstellung von kollektiven Vorurteilen und Realität zeigt verblüffende Ergebnisse. Tests haben wiederholt gezeigt, dass gemischtgeschlechtliche Teams besser abschneiden als rein männliche oder weibliche Teams. Doch geschlechtsspezifische Vorurteile haben vielfältige Folgen. Sie sind zugleich eine Folge von Vorerfahrungen. Dass Vorurteile tief sitzen, bedeutet allerdings keinesfalls, das sie nicht schnell behoben werden könnten. In einigen Fällen sogar überraschend schnell: Sobald Eltern von Kindern sehen, dass auch Frauen Arbeit finden, können sie sich plötzlich auch für ihre Töchter eine andere Zukunft vorstellen und sogar im ländlichen Indien spielen dann Stereotypen bezüglich von Geschlechtern keine Rolle mehr.

Menschen sind offenbar durchaus lernfähig. Und Änderungen sind nicht nur möglich, sondern lassen sich zuweilen sogar in verblüffend kurzer Zeit und mit erstaunlich geringen Kosten realisieren! Es kann allerdings eine wesentliche Rolle spielen, ob zum Beispiel Bilder von Führungspersönlichkeiten in Fluren grundsätzlich nur Männer zeigen oder auch Frauen. ... Um die Bedeutung von Bildern geht es im nächsten Kapitel.

Versuchen wir den
kommenden Tag besser
zu machen als den
vorhergehenden.

EPIKUR

Als Kind konnte ich mich nicht mit meiner Mutter oder meiner Großmutter identifizieren. Sie schienen so unglücklich zu sein. Unsere Wohnung war beengt – ein kleiner Raum mit wenig Freiheit oder Privatsphäre. Ich wollte nicht so werden wie sie und nur den eigenen Herd bewachen; ich wollte, dass die Welt da draußen mir gehört.

NIKI DE SAINT PHALLE

KAPITEL 9

WIE SIEHT GLÜCK AUS?

*E*pikur hatte Zeit seines Lebens Probleme mit der Gesundheit. Auch diese Information ist durch Diogenes Laertius überliefert. In dessen Philosophiegeschichte steht auch, dass Epikur sich bei Anfällen von Nierenschmerzen eine bronzene Badewanne nach draußen stellen ließ. Besuch empfing er dann von der Badewanne aus. Das ist ein Bild, das ebenso eigenartig wie einprägsam ist: In einem Garten, der voller Menschen ist, steht eine Badewanne. In dieser Badewanne liegt ein Philosoph und empfängt Besuch. Es geht ihm körperlich nicht gut. Denn ein Nierenleiden verursacht ihm starke Schmerzen. Doch der Philosoph erträgt den Schmerz gelassen. So wie auch die Gerüchte über ihn, die schon seit einiger Zeit in Umlauf sind. Sein langjähriger guter Freund und Begleiter Timokrates hat aufgrund von Auseinandersetzungen den Garten verlassen. Timokrates hat sich am Liebesleben seines Bruders Metrodor gestört, weil er Metrodors Gefährtin für nicht standesgemäß hält. Möglicherweise war sie früher eine Prostituierte.

Die Gerüchteküche brodelt überhaupt unentwegt. Epikurs Gefährtin Leontion hatte früher gute Beziehungen zu mächtigen Kreisen in Athen. Doch inzwischen hat sie gewagt, öffentliche Briefe zu schreiben – wie es die Männer ihrer Zeit ganz selbstverständlich tun. Auf dem Marktplatz von Athen werden Bewohner des Gartens als Schweine beschimpft. Böse Zungen behaupten, dass Epikur sich täglich betrinke, und zwar zusammen mit Themista. In Messenien sollen Epikureer sogar mit Honig eingerieben und Mücken und Fliegen vorgesetzt worden sein.

Was immer tatsächlich passiert sein mag, Epikur macht offenbar in jeder Situation genau das, was er auch anderen stets empfiehlt: Er kümmert sich selbst um sein Wohlbefinden und gestaltet sich den jeweiligen Augenblick so gut und angenehm wie möglich. Die Badewanne im Garten ist ein Bild, in dem sich dies ausdrückt: Es gilt, den eigenen Körper und die eigenen Bedürfnisse zu respektieren – und dies zählt mehr als alle Konventionen.

CHRISTIAN MIKUNDA

WARUM WIR UNS
GEFÜHLE KAUFEN

*E*in Mensch hebt die Arme hoch und lacht: Dieses Bild ist
eindeutig. Hier ist offenbar jemand glücklich. Es kann ein
Fussballspieler sein, der gerade ein Tor geschossen hat. Oder
ein Bergsteiger nach dem Erreichen des Gipfels. Aber warum
löst der Anblick solcher Bilder etwas in uns aus und was geht
dabei vor?

Der Dramaturg und Theaterwissenschaftler Christian Mikunda analysiert, wie Bildkompositionen oder Elemente davon mit Gefühlen verbunden sind. Die Geste der erhobenen
Arme zum Beispiel macht innerlich weit. Das Öffnen der Arme
bedeutet Ausdehnung und dies ist das Gegenteil von Angst.
Christian Mikunda versteht Hochgefühle wie Medikamente
aus einer geheimen Apotheke, nämlich der Inszenierung von
Räumen, die uns umgeben. Die Gestaltung von Räumen ist
demnach keine Nebensache. Räume prägen unser Gefühlsle-
ben. Sie wirken sich auf unser Befinden aus.

Wie wird Angst aufgelöst? Was bedeutet Luxus? Und welche Signale lösen Wohlgefühle in uns aus? Christian Mikunda stellt zu all diesen Fragestellungen Bildelemente vor, die sich um das Gefühl des Glücks drehen. Glück ist ein Gefühl, zu dem der Freudentaumel ebenso gehört wie das Gefühl von Kraft oder die wohlige Entspannung. Mikunda fasst sieben Hochgefühle zusammen, die er als Transformationen negativer Zustände ableitet, nämlich der sieben Todsünden.

Ein Beispiel dafür ist der positive Zustand »Glory« oder das »Erhabene« als Ableitung von Hochmut, der ins Positive umgewandelt wurde. Nach demselben Prinzip kommt »Joy« oder der »Freudentaumel« von Völlerei, »Power« oder die »Kraftstärke« von Zorn, »Bravour« oder »Raffinesse« von Neid, »Desire« oder »Begierde« von Gier, »Intensity« oder »Verzückung« von Wollust, »Chill« oder »Entspannung« von Trägheit.

Christian Mikunda untersucht in seinem Buch *Warum wir uns Gefühle kaufen* 2009 die Wirkung von Räumen, die uns umgeben. In diesem Buch geht es um Treppen, Berge, Säulen, Bögen, Farben, Kontraste und Licht – kurzum um die Sprache von Formen. Christian Mikunda stellt »Erlebnisarchitektur« und deren Dramaturgie vor. Inszenierungen beschränken sich nicht auf Theater und Filme, sondern umfassen auch Warenhäuser, Wellness-Tempel oder Kraftorte in der Natur. Räume wirken auf unser Befinden ein, lösen Gefühle aus. Orte können uns gut tun oder das Gegenteil davon. Dabei liegt es heute weitgehend an uns selbst, zu entscheiden, welche Orte wir aufsuchen, welchen wir lieber fernbleiben oder welche wir selbst gestalten.

Und neben den realen Orten dieser Welt gibt es noch andere. Einige davon sind zu finden in einem Buch, das erstmals 2011 in Portugal erschienen ist.

JOSÉ JORGE LETRIA (TEXT)
ANDRÉ LETRIA (ILLUSTRATIONEN)

WENN ICH EIN BUCH WÄRE

Die Texte von José Jorge Letria und die Bilder von André Letria schicken die Phantasie auf eine Reise, verzaubern und überraschen von Seite zu Seite.

Es beginnt mit den Worten »Wenn ich ein Buch wäre, würde ich jemanden auf der Straße bitten, mich mit nach Hause zu nehmen.« Unter diesen Zeilen steht ein Mann mit Blick auf ein Buch, das auf einer Parkbank liegengeblieben ist. Beim Umblättern wird das Buch riesengroß – so groß, dass der Mann, der die Frontseite hochhebt, im Innern eine Treppe findet. Wohin sie führt, bleibt ein Geheimnis.

Dem Buch wachsen Pfoten – ist es ein Löwe oder ein Hund? Das Buch kann fliegen – durch die unendlichen Welten der Phantasie. Ein Buch kann zum Reisen einladen, ein Schiff, eine Eisenbahn werden. Es kann geheimnisvolles Wissen bergen, sich in ein Zelt verwandeln, die Zeit anhalten, Schätze finden, Gewalt mit Wissen bekämpfen, ein Leben verändern – und zur Bibliothek werden.

Bücher und Geschichten können voller Bilder sein – tatsächlichen oder mit Worten gemalten. Bilder, die wir wie selbstverständlich in uns tragen, sind uns hingegen oft nicht bewusst. Dabei sind sie für den Verlauf unserer Lebenswege höchst bedeutsam. Denn Bilder erzählen Geschichten. Von einem Anfang bis zu einem Ende.

CAROL DWECK

SELBSTBILD

Wie unser Denken Erfolge oder Niederlagen bewirkt

W as sind Bilder? Auf den ersten Blick scheinen sie etwas zu sein, das wir von außen betrachten können. Doch wir Menschen tragen auch Bilder in uns, und diese Bilder oder Vorstellungen können ganze Geschichten in sich bergen. Sogar Lebensgeschichten. Dass bildhafte Vorstellungen ganz entscheidend unsere Lebenswege mitgestalten, wenn nicht sogar weitgehend bestimmen, geht aus den Forschungen der Psychologieprofessorin Carol Dweck zur Motivations- und Entwicklungspsychologie hervor. Carol Dweck zeigt in diesem (erstmals 2006 erschienenen) Buch, dass alle Handlungen oder die Form und Möglichkeiten des Handelns von Menschen von Selbstbildern geprägt sind.

Dabei lassen Selbstbilder sich im Prinzip in zwei Kategorien einteilen – dynamische und statische. Langfristig führt das dynamische Selbstbild zum Erfolg, das statische hingegen zum Scheitern. Menschen mit dynamischem Selbstbild überschreiten Grenzen, indem sie sich Herausforderungen stellen.

Sie sind (lebenslange) »Lerner«, die davon ausgehen, dass sie ihre Grundeigenschaften durch eigene Anstrengungen weiterentwickeln können. Im Unterschied dazu bleiben Menschen mit statischem Selbstbild zum Beispiel in Tests nur dann interessiert, wenn sie von Anfang an gut auf einem Gebiet abschneiden. Menschen mit statischem Selbstbild wollen sofort perfekt sein und haben die Vorstellung, dass sich nur anstrengen müsse, wer kein Talent habe.

Carol Dweck belegt mit zahlreichen Beispielen aus unterschiedlichen Bereichen wie Wirtschaft, Politik oder Sport, dass stets wiederkehrend ein einziger Faktor Abläufe einleitet, die zu einem guten oder tragischen Ende führen: Selbstbilder. Dabei steht am Ende der statischen Denkweise stets das Scheitern – ganz wie in der griechischen Tragödie. Viele große Zusammenbrüche, auch Firmenpleiten und politische Katastrophen, lassen sich nach Dweck mit der Problematik statischer Selbstbilder erklären. Denn Fehlentscheidungen entstehen Dwecks Untersuchungen nach häufig dann, wenn bei Führungspersönlichkeiten die statische Denkweise einsetzt. Leider passiert dies häufig. Denn eine typische Folge statischer Denkweise ist der Wunsch, sich anderen überlegen zu fühlen oder der »einzige große Fisch im Teich« sein zu wollen. Mit diesem Phänomen geht fatalerweise zum Beispiel die Vermeidung der Einstellung oder auch die Ausgrenzung von fähigen Mitarbeitern und Mitarbeiterinnen einher, deren Kompetenzen dringend benötigt würden, um einem Unternehmen oder einer Institution langfristig und stabil Erfolg zu ermöglichen. Die Resultate von Fehlentscheidungen aufgrund statischer Denkweise scheinen häufig – auf scheinbar zunächst unerklärbare Weise – tragisch und unvorhersehbar, weil es eine Weile dauert, bis das Verhängnis sich offenbart. Die dynamische Denkweise hingegen bringt nach Dweck eine Dramaturgie der Erfolge hervor. Zielorientierung und die Bereitschaft zur Anstrengung über längere Zeit sind deren Basis.

Carol Dweck belegt diese Ergebnisse mit zahlreichen Beispielen, aus denen sich eine eindeutige Schlussfolgerung ziehen lässt: Selbstbilder beinhalten Dramaturgie – oder mit anderen Worten: Eine Art Richtungsvorgabe für Geschichten. Dabei gibt es – durchaus vergleichbar den Handlungsverläufen in Literatur, Theater und Film – grundsätzlich zwei verschiedene Richtungen: Am einen Ende wartet das Glück in Form eines »Happy Ends«, am anderen das Unglück in Form einer Tragödie.

Carol Dweck stellt fest, dass Selbstbilder erlernt werden. In welche Richtung dies geht, bestimmen maßgeblich Botschaften des Elternhauses und des persönlichen wie sozialen Umfeldes von Menschen. Darüber hinaus spielen die Narrative der Medien eine nicht unerhebliche Rolle. Als positives Beispiel hebt Carol Dweck die Dramaturgie des Filmes *Und täglich grüßt das Murmeltier* (USA 1993) hervor, in dem der Protagonist täglich immer wieder in derselben Situation aufwacht, bis er endlich versteht, was er dazuzulernen hat. Häufiger allerdings werden nach Dwecks Beobachtung in den Massenmedien Figuren mit statischer Denkweise, denen alles mühelos gelingt, als attraktiv vorgeführt. Genau dies lädt jedoch fatalerweise zur Identifikation mit einem statischen Selbstbild ein.

Der Jugendroman aus dem Jahr 2012, um den es im nächsten Abschnitt geht, ist hingegen ein wunderbares Beispiel dafür, was ein dynamisches Selbstbild bedeutet – und ist auch für Erwachsene empfehlenswert.

RAQUEL J. PALACIO

WUNDER

Dieser Roman vereint eine ganze Reihe von epikureischen Themen, die in den vorangegangenen Kapiteln bereits vorgestellt wurden: Freundschaft, Angst, Herkunft, Wahrnehmung. Er könnte also auch in einige andere Kapitel dieses Buches »passen«.

Sogar Sätze, die wie ein Motto zusammengefasst sind, gibt es. Sie werden Maximen genannt. Eine davon ist die Kapitelüberschrift »Wähle die Freundlichkeit«.

Darüber hinaus wird hier eine Geschichte erzählt, in der es in mehrfacher Hinsicht um Bilder geht. Denn die Hauptfigur, August, ist ein Junge, dessen Gesichtszüge aufgrund einer seltenen Erbkrankheit völlig entstellt sind. Er hat bereits 27 Operationen hinter sich und sein Äußeres lässt sich mit Adjektiven nur unzureichend beschreiben.

August selbst beschreibt sein Aussehen so: »Was immer ihr euch vorstellt – es ist schlimmer.«

Wir können diesen Jungen beim Lesen nicht sehen. Doch es sind Bilder und Vorstellungen, die dieses außergewöhnliche

Buch ausmachen. Die Bilder entstehen in unseren Köpfen und sensibilisieren für die Frage: Was bedeutet Wahrnehmung? August, der von seiner Familie Auggie genannt wird, ist zehn Jahre alt und hat liebevolle Eltern sowie eine Schwester, die durch das Problem mit ihrem Bruder selbst kein einfaches Leben hat.

Bisher wurde August zu Hause unterrichtet, weil es nicht denkbar schien, dass er zusammen mit anderen Kindern zur Schule geht. August leidet unter einigen körperlichen Beeinträchtigungen, ist aber nicht weitergehend behindert. Er hat nur ein Gesicht, bei dessen Anblick alle erstarren. Und dieses für die Leserschaft nicht sichtbare Bild, das auch ein Bild ist, das jemand von sich selbst hat, prägt die Lebenswelt dieser Geschichte.

Dabei ist das Besondere an diesem Roman, dass er aus unterschiedlichen Perspektiven erzählt wird, doch alle Personen sich auf August beziehen. Es geht darum, was er für andere bedeutet. Wie wird er wahrgenommen?

Als August zum ersten Mal eine öffentliche Schule besucht, begegnet er nicht nur Irritationen und verunsicherten Reaktionen, sondern offener Ablehnung, die sich immer mehr zuspitzt. August muss sich auseinandersetzen mit Getuschel, Gehässigkeiten und bösen Worten. Sogar von einer »Missgeburt« ist die Rede. Weil alle beliebt und zugehörig sein möchten, bekommt August Probleme. Denn bald wird regelrecht gegen ihn intrigiert. Wie sich herausstellt, hat August nämlich einen Gegner, Julian, der die anderen aus der Klasse gegen ihn aufhetzt und dazu immer gemeinere Mittel einsetzt, bis hin zu Intrigen und Gewalt.

Ausgerechnet dieser Julian ist zunächst aber enorm beliebt bei allen anderen aus der Schulklasse. Und weil die Mehrheit stets verlässlich hinter Julian steht, wendet sie sich damit bald gegen August. Wenn Zahlenverhältnisse aufgelistet werden, stellt sich heraus: Nur eine winzig kleine Minderheit lässt sich nicht von Julian beeinflussen.

Die Situation eskaliert. Was daraus alles folgt, wird in der Erzählweise dieses Romans nicht beschönigt. Eine tragische dramatische Geschichte setzt sich in Gang. Doch in einer überraschenden Wendung ändert sich die scheinbar zunächst aussichtslose Lage. Der Grund dafür ist höchst epikureisch: Freundschaft! Denn die Freundschaft zwischen August und einem Mädchen namens Summer wirkt wie ein Magnet. Sie schützt zunächst August und entfaltet darüber hinaus eine eigene Kraft, die auch andere anzieht.

Das Resultat: An das Äußere von August gewöhnen sich nach einiger Zeit fast alle. Und nach und nach verwandelt sich die gesamte Situation. August gewinnt immer mehr Freunde. Denn auch andere Jungen und Mädchen mögen ihn – zum Beispiel, weil er witzig ist. August wird Teil der Klasse, während Julian schließlich die Schule verlässt: Er fühlt sich dort nicht mehr wohl.

August formuliert am Ende eine eigene Maxime:

»Jeder Mensch auf der Welt sollte zumindest ein Mal Standing Ovations bekommen, denn wir alle überwinden die Welt.«

Ein Bild des Schreckens hat sich gewandelt – in etwas *Wunderschönes*.

Was ist »schön«? Wenn wir dieses Adjektiv mit einem Ausrufezeichen versehen, kann es auch Gefühle wie Glück oder Freude ausdrücken. Wie können solche Gefühle in Bildern aussehen?

QUINT BUCHHOLZ

ZAUBERWORTE

*D*er Illustrator und Autor Quint Buchholz schreibt im Nachwort zu seinem Buch *Zauberworte* (2016): »Ich möchte mit Bildern erzählen – von Ermutigung und Trost, von geschenkter Zeit, von Versenkung und Ruhe und Konzentration. Vom Leben und Lesen im eigenen Tempo.«

Wie könnte es aussehen, wenn jemand Glück bringt? In der visuellen Welt von Quint Buchholz steht vor blauem Himmel ein Mann mit Melone, kniekurzen Hosen und schwarzem Jacket auf einer saftig grünen Wiese. Auf einem Tablett serviert er – nicht unähnlich einem Butler – eine Torte mit Kerzen. Rechts von ihm – beide sind im Profil – steckt ein rosig vergnügtes Schwein den Rüssel aus einer Hütte hinaus. Was das Wort »Glücksbringer« daneben genau bedeutet, bleibt den Gedanken überlassen. Glück ist hier kein lauter Aufschrei, sondern eher ein leises Schmunzeln.

Dasselbe Prinzip gilt für alle weiteren Wort- und Bildkompositionen. Da lädt ein »Jetzt« ein, durch eine Tür in ein Meer aus Blautönen zu fliegen. Was auf der anderen Seite aufblitzt, könnte in der Phantasie zu einem blauen Strand schwimmen, frei und in Frieden, endlich Ferien vielleicht …

Ob »Herzensdinge«, »Pfirsichduft«, »Blütenmeere«, »Vertrauen« oder »Himmelszelt«: Zu jedem dieser Wortschöpfungen gehört ein Bild, das ein Gefühl vermittelt. Jedes dieser Bilder birgt eine feinsinnige Überraschung und bleibt offen für vielerlei Interpretationen.

Das erste der *Zauberworte* heißt »Seelenruhe«. Und genau dieses Wort spielt auch in Epikurs Philosophie eine zentrale Rolle. »Ataraxia«, heißt es im griechischen Original. In griechischer Schrift geschrieben sieht es übrigens so aus: ἀταραξία. Das Wort leitet sich ab von a-tárachos, was soviel wie un-erschütterlich bedeutet. Gemeint ist damit die emotionale Gelassenheit gegenüber Schicksalsschlägen und gegenüber allen Arten von Beunruhigungen.

Glück wird von nichts mehr gestört als von Angst. Drei Hauptängste gilt es nach Epikur zu überwinden: Die Angst vor den Göttern, die Angst vor Schmerzen, die Angst vor dem Tod. Um die Angst vor dem Tod geht es im nächsten Kapitel.

Wenn ich ein Bild beginne, muss ich mich zuerst fragen: Was mache ich mit dem Raum? Wie kann ich auf dieser Fläche eine Geschichte erzählen? Die große Herausforderung beim Malen und Zeichnen ist, eine Figur im Raum anordnen zu können.

DAVID HOCKNEY

KAPITEL 10

WAS BEDEUTET DER TOD FÜR DAS LEBEN?

»Das schauderhafteste aller Übel, der Tod, hat für uns also keine Bedeutung. Denn solange wir da sind, ist der Tod nicht da, wenn aber der Tod da ist, werden wir nicht mehr da sein.« Mit dieser Bemerkung aus Epikurs (bereits an anderer Stelle erwähntem) *Brief an Menoikeus* ist keine religiöse oder nicht-religiöse Festlegung verbunden. Epikur bestreitet die Existenz »der Götter« nicht, er stellt nur fest, dass sie sich nicht in das Leben der Menschen einmischen. Die Todesfurcht hält der Philosoph vor allem deshalb für schädlich, weil sie Menschen davon abhält, sich auf die Gegenwart des realen Lebens zu konzentrieren. Es ist die Zeit, die Lebenszeit, die kostbar ist und die es zu nutzen gilt.

Kaum etwas bringt dieses Prinzip in kürzester Form besser zum Ausdruck als ein (schon im Kapitel *Die Magie des Bücherfindens* zitierter) Satz eines römischen Dichters.

CARPE DIEM

*H*oraz (65–8 v. Chr.), der Verfasser der *Ars Poetica*, bezeichnete sich selbst als »ein Ferkel aus der Herde des Epikur«. Sein umfangreiches Gesamtwerk ist verschollen, Reste davon sind im Herculaneum in Pompeji gefunden worden, das 79 v. Chr. durch einen Ausbruch des Vesuv verschüttet worden war. Unter den Trümmern sind Reste einer Bibliothek gefunden worden. Diese Bibliothek gehörte Philodemus von Gadara, einem Epikureer. Durch neue Techniken konnten einige der verkohlten Papyri der epikureischen Bibliothek wieder lesbar gemacht werden.

Weltberühmt geworden ist der Ausspruch des Horaz: »Carpe diem!«

Und ob im lateinischen Original oder in der deutschen Übersetzung »Nutze den Tag!«: Dies ist eine Aufforderung, die so ungemein einfach klingt, dass sie fast schon banal wirkt. Doch steht dahinter eine ganze Lebenshaltung: Die eigene Lebenszeit ist kostbar!

Der Spruch »Carpe diem!« oder »Nutze den Tag!« von Horaz ist die kürzeste Form von Epikurs Philosophie. Er fordert dazu auf, sich jeden Moment des Lebens so gut und schön wie möglich zu gestalten. Es ist das Gegenprinzip zur »Aufschieberitis«.

Epikur ist 70 oder 71 Jahre alt geworden. »Seinen Tod soll das Zurückhalten des Urins durch einen Stein verursacht haben«, berichtet Diogenes Laertius – mit Bezug auf einen Brief von Hermach, der Epikurs Nachfolger wurde sowie Hermipp, der geschrieben hat, dass Epikur in einen kupfernden Kessel voll heißes Wasser gestiegen sei und verlangt habe, man solle ihm ungemischten Wein zu trinken geben. Dann sei er verstorben.

Dem Tod schon nahe, schrieb Epikur auch am letzten Tag seines Lebens noch einen Brief. Aus diesem Brief geht hervor, dass der Philosoph da schon wusste, dass es sein letzter sein würde.

BRIEF AN IDOMENEUS

»Nachdem wir die Tage unseres Lebens glücklich verlebt haben und jetzt am Ziel desselben stehen, schreiben wir euch folgendes: Unsere Leiden an Zurückhaltung des Urins und Leibschmerzen sind so groß, dass zu ihrer Größe nichts mehr hinzukommen kann. Die Heiterkeit der Seele gewährt mir aber einen Erlass dafür, die mir das Andenken an unsere Handlungen und Gedanken gewährt. So wie es deiner Anhänglichkeit an mich von Kind auf und der Philosophie würdig ist, sorge du nun für Metrodors Kinder.«

Metrodor, der Epikur persönlich sehr nahe stand, ist ungefähr acht Jahre vor Epikur, bereits im Alter von 53 Jahren verstorben. In Michael Erlers Grundlagenwerk *Die Philosophie der Antike* findet sich die Information, dass es sich bei den Kindern von Metrodor um einen Sohn und eine Tochter handelte, und dass deren Mutter Epikurs Gefährtin Leontion war. Der Sohn von Leontion und Metrodor bekam den Namen Epikur. Und bei Diogenes von Laertius findet sich in einer Bemerkung der Nebensatz »Leontion, in welche auch Metrodor verliebt war.«

Der Tod von Epikur wird auf das Jahr 271 oder 270 vor unserer Zeit datiert – je nach Rechnungsart. Diogenes Laertius hat ein Testament überliefert, in dem Epikur seine Nachfolge regelt und sein Vermögen verteilt. Aus diesen Aufzeichnungen geht auch hervor, wer zum Beispiel Idomeneus, Metrodor, Timokrates oder Leontion waren und in welcher Beziehung sie zueinander und zu Epikur standen. Der Garten des Epikur war eine Gemeinschaft, dessen Basis eine gelebte Philosophie der Freundschaft war. Das galt bis zum Tod von Epikur und über dessen Tod hinaus.

Wer war der Philosoph Epikur? Was bedeutet seine Lehre für den Verlauf der Geschichte bis heute? Tiefgründiger als Zeittafeln, Fakten und Berichte dies könnten, setzt sich ein reich bebildertes Buch mit diesen Fragen auseinander, das erstmals 2012 in Frankreich erschienen ist und ebenso humorvoll wie kenntnisreich die Figur Epikur und die Wirkung seiner Lehre zu ergründen sucht.

YAN MARCHAND (TEXT)

JÉRÉMIE FISCHER (ILLUSTRATIONEN)

DAS LACHEN DES EPIKUR

*V*om Zorn der Götter im antiken Kosmos erzählt Yan Marchand lakonisch, mit augenzwinkernden Querverweisen auf die Welt der griechischen Göttersagen. Die für ein Buch dieser Art ungewöhnliche Form eines Bilderbuches macht es zu einem besonderen Lesevergnügen, wozu auch die Illustrationen von Jérémie Fischer einen wichtigen Teil beitragen.

Es beginnt mit Aufregung auf dem Olymp. Denn ein »Sterblicher« ist geboren worden – einer, von dem es heißt, dass er die Menschheit von der Angst vor den Göttern befreien werde! Panik bricht aus. Zeus will Hades, den Gott der Unterwelt, rufen, damit er das Neugeborene sterben lasse. Doch die ewig mit Zeus streitende Hera stimmt dagegen. Das Resultat ist ein Kompromiss: Die Mutter des Kindes soll extrem abergläubisch werden, damit der Junge zumindest in Furcht vor den Göttern aufwächst. Damit ist das Kapitel Epikurs Kindheit allerdings noch nicht abgeschlossen – es geht immer weiter: Die Furcht seiner Mutter plagt den kleinen Epikur auf Schritt und Tritt.

Sie zittert vor allem, dem Blitz, dem Regenbogen und sogar beim Anblick eines Adlers läuft sie zum Wahrsager. Als Kind opfert Epikur den Göttern Würmer und Fliegen, um sie gnädig zu stimmen. Doch seine Mutter erzählt ihm am Abend immer wieder Geschichten, die ihm Alpträume bereiten. Der Junge kann nicht schlafen vor lauter Angst.

Eines Tages hat Epikur das Ganze satt. Er geht in die Bibliothek seines Vaters und sucht – Bücher! Und – wieder einmal – sind es die Folgen des Bücherlesens, die unberechenbar sind. Der kleine Epikur liest und liest. Es bleibt nicht dabei, dass nur er selbst dies tut, sondern er bringt sogar Bücher mit in die Schule und zeigt sie anderen. Daraufhin heißt es, Epikur wiegle die anderen Kinder auf. Denn Epikur zeigt Bücher, in denen neue Geschichten erzählt werden. Diese Geschichten handeln von der Natur, von Feuer, Wasser, Luft und Erde, und davon, wie daraus die Welt entstanden ist: Nicht von den Mythen und Göttern.

Was wird aus einem Jugendlichen, wenn er längere Zeit ständig liest? Der Fall scheint problematisch. Und auf Rat eines Lehrers wird der junge Epikur zum Wehrdienst nach Athen geschickt. Was ihn auf andere Gedanken bringen soll, geht schief. Denn Epikur ist nicht nur ein schlechter Soldat, sondern wagt es sogar, Ares, den Kriegsgott, als den lächerlichsten aller Götter zu bezeichnen.

Ares regt sich fürchterlich auf. Aus Rache zerstört er gar Epikurs Heimat, die Insel Samos, und Epikurs Familie muss von dort fliehen. Epikur aber begeistert sich für den Philosophen Nausiphanes, der seine letzten Zweifel daran beseitigt, dass die Götter nur eine Erfindung seien. Der Philosoph Demokrit sagt, die Natur bestehe in Wahrheit aus kleinsten Teilen, Atomen.

Das fasziniert den jungen Epikur. Dass dies auf dem Olymp keinen Gefallen findet, mag nicht weiter zu verwundern. Krisensitzungen werden dort einberufen.

Die Götter strengen sich ziemlich an: Epikur wird mehrfach ins Exil getrieben und entgeht nur knapp dem Tod. Doch selbst Poseidon kann nur ein Schiff versenken, nicht jedoch den Philosophen Epikur vernichten. Denn der behält sogar bei Seenot einen klaren Kopf. Nichts kann ihn einschüchtern und ängstigen. Die Götter verzweifeln an diesem Mann. Sie lesen all die Briefe, die der Philosoph geschrieben hat – an Menoikeus, Herodot, Idomeneus und unzählige andere. Es scheint unglaublich: Sogar Briefe an Frauen und Sklaven hat Epikur in die Welt geschickt! Und überall werden sie gefunden. Aus Sicht der Götter ist das eine Katastrophe. Denn Epikur macht ihre Stellung streitig.

Irgendwann reicht es auch den Göttern. Sie greifen Epikurs Garten in Athen direkt an. Die Göttin der Ernte dörrt höchstpersönlich den Boden aus. Vergebens – denn das Lachen im Garten hört immer noch nicht auf. Was auch passiert, Epikur und sein Freundeskreis finden stets wieder eine neue Lösung und behalten ihre gute Laune.

Die Götter kämpfen verbissen weiter. Die schöne Aphrodite soll Epikur eifersüchtig machen, indem sie ihn und seinen besten Freund Metrodor gleichzeitig umgarnt. Fassungslos müssen sie feststellen, dass auch diese Intrige kläglich scheitert und Aphrodite weinend den Garten verlässt.

Die Götter greifen zum letzten Mittel: Eris, die Göttin der Zwietracht soll die Frauen im Garten gegeneinander aufwiegeln. Neid, Eifersucht und Rivalität unter Frauen: Das ist doch das beste, bewährteste und älteste aller Rezepte! Die Götter stellen fest, dass sie auch damit kläglich scheitern. Denn bei den Frauen in Epikurs Garten versagt sogar diese bisher todsichere Strategie. Stattdessen lacht auf einmal sogar Eris. Das Leben ist schön!

Es endet mit Krankheit, die vom Olymp herab mit voller Wucht in Epikurs Magen fährt. Die Krankheit quält Epikur, bis er stirbt. Doch selbst der Höllengott Hades verzweifelt: Kaum weilt Epikur in der Unterwelt, wandelt sich dieses ehemals düstere Reich zur Wellness-Oase.

Und Hades jammert: »Ich höre nur noch Gelächter.«

Zeus wird von Hades angefleht, Epikur zurück in die Oberwelt zu holen. Doch dort gibt es schon genug Probleme. Überall wird die Furchtlosigkeit Epikurs vor dem Tod gerühmt. Die Menschen feiern den Philosophen als Helden, weil er das Glück im Diesseits sucht.

Zeus ist am Boden zerstört: Wenn er Epikur auferstehen lässt, ist zu befürchten, dass die Menschen seinen schlimmsten Widersacher auch noch zum Gott erheben könnten! Das kann Zeus nicht zulassen. Und es gibt nur noch eine Chance: Das Oberhaupt der Götter tut alles, um die Spuren von Epikurs Existenz auszulöschen.

Natürlich geht auch dieser Plan so schief wie alle anderen. Apoll sagt voraus, dass sogar all die Bücher von Epikur, die Zeus mühsam hat verkohlen lassen, einst wieder ausgegraben würden. So kommen die Götter zu dem Schluss: Solange es Götter gebe, werde es auch Epikureer geben, die ohne sie leben. Epikur bleibt unsterblich. Die Götter auch.

Epikurs Gedanken zu Leben und Tod haben um das Jahr 60 vor unserer Zeitrechnung einen der größten Dichter Roms zu einem außergewöhnlichen Werk in Versform inspiriert. Diese Verse sind mehr als nur eine Übersetzung von Epikurs Hauptwerk *Über die Natur* vom Griechischen ins Lateinische. Und Epikur wird darin als Befreier von der Todesfurcht gefeiert.

LUKREZ (ORIGINALTEXT)

KLAUS BINDER

(ÜBERSETZUNG AUS DEM LATEINISCHEN)

ÜBER DIE NATUR
DER DINGE

»Wir müssen sehen lernen.« Mit diesem Satz von Klaus Binder lässt sich die folgende Passage zusammenfassen:

>»Sieh nur genau hin, wenn die Sonne in einen dunklen Raum
>zu dringen vermag und ihr Licht in einzelnen Strahlen durch
>diesen sendet: Viele winzige Stäubchen wirst du sehen, wie
>sie sich im leeren, vom Licht hellen Raum mischen auf vieler-
>lei Weise: Als lägen sie in endlosem Streit, kämpften pausen-
>los miteinander in immer neuen Verbänden, angetrieben zu
>immer neuer Verknüpfung und wieder Trennung. Dies mag
>dir eine Vorstellung davon geben, wie es sich verhält mit den
>Urelementen, die im leeren Raum in unaufhörlicher Bewe-
>gung begriffen sind.«

Die lateinischen Verse des wortgewaltigen Lukrez hat Klaus Binder für die Neuausgabe 2014 in deutsche Prosa übersetzt und darüber hinaus mit zahlreichen Anmerkungen verständlicher und lesbarer gemacht. Die Grundlage dieses Buches ist Epikurs Hauptwerk *Über die Natur.*

In seinem Vorwort mit dem Titel *Warum Lukrez lesen und wie* stellt Klaus Binder fest, Lukrez zu lesen, heiße, (wieder) zu lernen, sich dem Taumel und Tanz zu überlassen, der in dessen Versen förmlich spürbar wird.

Dabei hebt Klaus Binder als einen »der gewaltigsten von vielen gewaltigen Sätzen« einen besonders hervor: »Der Tod aber geht uns nichts an.«

Lukrez' bzw. Epikurs Wertschätzung gilt dem menschlichen Leben auf der Erde vor dem Tod, das hier und heute stattfindet. Epikureisches und lukrezisches Denken beginnt mit dem Bewusstsein davon, dass die Lebenszeit kostbar und endlich ist – und dass es darum geht, sie zu nutzen.

Titus Lucretius Carus, wie der vollständige Name von Lukrez lautet, hat *De rerum natura* im Jahr 60 vor unserer Zeit geschrieben. Was dieses Werk für die Verbreitung und Erhaltung der philosophischen Tradition von Epikur bedeutet, ist wohl kaum zu überschätzen.

Die Prosa-Übersetzung von Klaus Binder findet Formulierungen und Bilder, die eine Vorstellung von der aufsehenerregenden Wirkung geben, die dieses Werk zur Lebenszeit seines Autors hatte.

Im Ersten Buch unter der Überschrift *Für Epikur* beginnt ein Abschnitt mit folgenden Worten: »Schmachvoll, so konnten es alle sehen, lag das Leben, lagen die Menschen im Staub, niedergedrückt unter der Last des Aberglaubens, der aus erhabenen himmlischen Regionen das Haupt herabreckt und mit schreckender Fratze den Sterblichen droht. Gegen sie den sterblichen Blick zu erheben, erstmals dagegen aufzustehn, hat ein Grieche gewagt. Nichts konnte ihn schrecken, nicht, was erzählt wurde über die Götter, Blitze nicht und kein vom Himmel grollendes Getöse;«

Unter der Überschrift *Was dies Gedicht will* führt Lukrez danach aus, dass es darum gehe, »nicht nur von den Dingen des Himmels unbeirrt Bericht zu geben, zu erläutern, wie die Bahnen von Sonne und Mond entstehen und durch welche Kraft alles auf der Erde geschieht, sondern vor allem auch mit scharfem Verstand aufzudecken, was die Seele ausmacht und den Geist;«

Dass Nichts aus dem Nichts entstehe und dass alle Materie aus kleinen Partikeln entstehe ist dabei ebenso wichtig wie die Einbeziehung von Vorgängen, die unsichtbar sind. »Da ist zuerst der Wind. Erhebt er seine Gewalt, dann peitscht er auf die wogende See, versenkt große Schiffe, reißt Wolken in Fetzen, treibt sie hierhin und dorthin.«

Diese unsichtbaren Zusammenhänge zu ergründen, ist die Basis jeglicher Naturbeobachtung und Forschung – damals wie heute. Es ist das Gegenprinzip zum furchtgeleiteten Aberglauben, die Grundlage menschlicher Zivilisation.

Es bestehe kein Zweifel, so fährt Lukrez fort, dass es auch unsichtbare Partikel des Windes gebe und dass diese *über* die See fegen, übers Land fegen und am Himmel Wolken vor sich her fegen. Von Luftströmen ist die Rede, von Wellen, von Düften, von Wirbeln, von Kraft. Und auch vom Tod.

Der Tod ist Thema im Dritten Buch von *Über die Natur der Dinge*. Lukrez nennt darin eine Intention, in der er Epikur

nachfolge: Er wendet sich gegen die Todesfurcht. Die Todesfurcht ist für Lukrez deshalb von so großer Bedeutung, weil die
Furcht vor dem Tod seiner Beobachtung nach zu einem Ekel
vor dem Leben führt.

Die Furcht sei die Quelle allen Leidens und durch die Todesfurcht würden die Menschen gleichzeitig blind dafür, argumentiert Lukrez. Deshalb ist sein Anliegen, die Schrecken
zu zerstreuen und zu zerschmettern, die den Geist gefangen
halten.

Klaus Binder fasst die Essenz dieses einzigartigen Werkes
so zusammen: »Das Leben vor dem Tod findet hier und heute
statt, oder gar nicht. Darauf läuft alles hinaus. Doch läge falsch,
wer sich von *De rerum natura* eine Art Lebensfibel, ein Kom-
pendium des guten oder richtigen Lebens erwartete.«

Eben das ist der Grund, warum die epikureische Philosophie, auf die sich Lukrez bezieht, den Geist zu weiten vermag statt ihn einzuengen. Sie fordert auf, sich um das eigene
Glück zu kümmern und seinen eigenen Wahrnehmungen und
Empfindungen zu trauen anstatt sich manipulieren zu lassen
– durch den Zeitgeist, durch andere Menschen, durch eigene
Ängste, oder was auch immer.

Lukrez nennt Epikur den Befreier aus dem Gefängnis der
Furcht. Sein imposantes Gedicht *De rerum natura* gilt als eines der wichtigsten Zeugnisse über den Philosophen Epikur.
Herausgegeben wurde dieses Buch wahrscheinlich nach dem
Tod von Lukrez von Cicero. Doch beinahe wäre dieses Werk
für immer verloren gegangen. Jahrhunderte hindurch blieb es
verschollen. Die Gründe dafür und die Folgen seines Wieder-
findens im Jahr 1417 bezeichnet ein US-amerikanischer Litera-

turwissenschaftler rund 600 Jahre später als Wendepunkt der menschlichen Geschichte.

DIE WENDE

Wie die Renaissance begann

Stephen Greenblatt bezeichnet das Gedicht *Über die Natur der Dinge* von Lukrez als eine »tiefe therapeutische Meditation über die Todesfurcht«. Dabei schreibt Stephen Greenblatt im Vorwort seines Buches *Die Wende* (2011), dass die Furcht vor dem Tod seine ganze Kindheit bestimmt habe. Er fügt hinzu, dass das Thema bei ihm allerdings nicht die Angst vor dem eigenen Tod gewesen sei, sondern die Angst vor dem Tod seiner Mutter. Denn soweit er als Sohn zurückdenken könne, grübelte diese über ihr möglicherweise unmittelbar bevorstehendes Ende nach und beschwor dieses wieder und wieder, insbesondere in Momenten des Abschieds. Die Szenen, an die Greenblatt sich erinnert, umfassen Bilder des dramatischen Zusammensinkes beim Spazierengehen oder eine am Hals pulsierende Vene. Dazu kommt die Erinnerung an eine jüngere Schwester der Mutter, die im Alter von sechzehn Jahren an einer Halsentzündung gestorben war.

193

»Mein Leben war voll ausgedehnter, opernhafter Abschieds-szenen.«, stellt Stephen Greenblatt fest. Und dramatische Auf-tritte dieser Art erzwingen generell – ob bewusst oder unbe-wusst – ein hohes Maß an Aufmerksamkeit, weil alles andere im Vergleich dazu unauffällig wirkt.

Tatsächlich lebte Greenblatts Mutter lange und hat ihren neunzigsten Geburtstag nur um einen Monat verpasst. Doch als er um die fünfzig war, geschah für den Sohn ein einschnei-dendes Ereignis, als er *On the Nature of Things* zum erstenmal in der Hand hatte. Denn bei dieser Entdeckung seien Lukrez' Worte mit fürchterlicher Klarheit erklungen: »Der Tod berührt uns nicht.«

Die Erkenntnis, dass es schierer Unfug sei, das Leben im Griff der Todesangst zu verbringen, mündete für Greenblatt in einen Gedanken, den er sich auch als erwachsener Mann bis dahin noch nicht erlaubt hatte: Dass es nämlich manipulativ und grausam sei, anderen diese Angst einzuflößen. Stephen Greenblatt nennt den Moment dieser für ihn bedeutsamen Buchentdeckung sein ganz persönliches Einfallstor. Wie finden wir »unsere« Bücher?

Der Inhalt von *Die Wende* würde auch bestens in das Kapitel *Die Magie des Bücherfindens* passen: Ein uraltes Gedicht ging irgendwann verloren, scheinbar unwiederbringlich, und wurde dann doch wiederentdeckt. Wie das geschehen ist, das ist die Handlung von Stephen Greenblatts Buch *Die Wende*. Dabei zeigt Stephen Greenblatt, dass es hier um ein Buch geht, über das jahrhundertelang nicht ohne Furcht öffentlich und frei ge-sprochen werden konnte. Details und Hintergrundwissen sind in eine spannend erzählte, abenteuerliche Geschichte verpackt, bei der ein Bücherjäger auf Schatzsuche geht. Warum Lukrez'

Buch verschwunden und wieder aufgetaucht ist, darum geht es in *Die Wende.*

Ein verbotenes Buch ruft dazu auf, sich den Dingen dieser Welt zuzuwenden: Stephen Greenblatt betrachtet die Entdeckung von Lukrez' *De rerum natura* als einen Ruck, der die Welt aus der Bahn gestoßen hat, einen Richtungswechsel vor fast sechshundert Jahren.

> *»Es muss etwas geschehen sein in der Renaissance, etwas, das anbrandete gegen die Dämme und Grenzen, die Jahrhunderte gegen Neugier, Begehren, Individualität, gegen nachhaltige Aufmerksamkeit für die Welt, gegen Ansprüche des Körpers errichtet hatten.«*

Was genau ist da passiert? Das Schlüsselereignis selbst bleibt verhüllt, fast unsichtbar, an einem abgelegenen Ort, stellt Greenblatt fest. Die Hauptfigur ist ein Mann, der sich recht zutreffend mit dem Ausdruck »Bücherjäger« bezeichnen lässt. Zur Vorgeschichte gehört die Verhaftung eines Papstes. Die Handlung findet statt im Winter 1417 in Süddeutschland. Poggio Bracciolini aus Italien reitet auf der Suche nach einem Kloster durch verschiedene Dörfer und sucht ein Buch. Es ist die Zeit des Handelns mit Handwerk und Stoffen, zum Beispiel von Leinen im Bodenseeraum. Die Zeichen der Zugehörigkeit sind gut sichtbar, doch Poggio Bracciolini gehört zu keinem Stand der Hierarchie. Nur wenige Menschen können lesen und schreiben. In diesem Umfeld sucht Poggio nach Manuskripten, nach alten Büchern, die vier- oder fünfhundert Jahre oder noch älter sind. Poggio ist ein Skriptor, ein Schreiber amtlicher Dokumente aus dem päpstlichen Umfeld, ein Sekretär. Doch der Papst, Johannes XXXIII., darf sich in diesem Winter nicht mehr so nennen. Er heißt jetzt wieder Baldassare Cossa, so wie er getauft wurde und sitzt in kaiserlicher Haft im Heidelberger Schloss. Das Konzil von Konstanz hat dies so bestimmt. Poggio ist auf dieser Reise ein Mann ohne Dienstherr, sein Status ist der eines Vagabunden, der misstrauisch beobachtet wird. Ein Mann ohne Schutz.

Bücher sind selten und wertvoll. Die Klosterbibliotheken sind klein, verantwortlich ist dafür stets ein Bibliothekar. Im Skriptorium eines Klosters gelten strenge Regeln. Seit Jahrhunderten schon werden kaum mehr noch griechische oder lateinische Klassiker kopiert. Die Zeit ist geprägt von einer Kampagne des Vergessens. Antike Texte verschwinden – auch aus dem Bewusstsein der Menschen. Mönche löschten die alten Schriften aus, darunter Texte von Vergil, Ovid, Cicero, Seneca – und Lukrez. Von Senecas Buch *Über die Freundschaft* wird später unter einem Alten Testament eine Abschrift gefunden, die Ende des 6. Jahrhunderts noch abgeschrieben wurde.

Der Lieblingsautor von Poggio ist Cicero. Und Cicero schreibt zwar, dass er die philosophischen Prinzipien des Lukrez ablehne, lobt aber gleichzeitig die poetische Kraft seines Werkes *De rerum natura*. Von Ovid ist der Satz überliefert, die Gedichte »des erhabenen Lukrez« würden »erst dann vergehn, wenn ein einziger Tag alle Welt vernichten wird.« Doch der Kirchenvater Hieronymus hat die Behauptung verbreitet, dass im Jahr 94 vor unserer Zeit der Dichter Lukrez im Alter von 44 Jahren Selbstmord begangen habe. Diese Behauptung wird inzwischen infrage gestellt. Möglicherweise ist sie als Teil einer Rufmordkampagne in die Welt gestreut worden. Es fehlen auffallend viele Dokumente, die etwas über das Leben des

Lukrez aussagen könnten. Auch das scheint kein Zufall zu sein. Darüberhinaus spielen Naturereignisse eine Rolle. Eines davon war der Ausbruch des Vesuvs im Jahr 79 vor unserer Zeit, der nicht nur Pompeji zerstörte, sondern auch den kleinen Badeort Herculaneum in der Bucht des heutigen Neapel. Erst im Jahr 1750 wurden im Zuge von neueren Ausgrabungen in Herculaneum verkohlte Überreste einer privaten Bibliothek gefunden. Sie bestand überwiegend aus Papyrusrollen, deren Rohstoff eine Schilfpflanze ist, der Papyrus, von dem sich bis heute unser Name für Papier ableitet. Eine Papyrusrolle kann rund 300 Jahre überdauern. In Herculaneum waren diese Bücher auf hölzernen Regalen gelagert. Auch einen freistehenden Bücherschrank gab es, sowie Wachstäfelchen für Notizen, die im ganzen Raum verstreut lagen. Umgeben war diese Bibliothek von einem Garten, für dessen Grundidee es ein Vorbild gab: Den Garten des Epikur. Die Villa dei Papiri beinhaltet Werke eines Philosophen namens Philodemus, der von ungefähr 75 bis 40 vor unserer Zeitrechnung gelebt hat. Philodemus war ein Zeitgenosse von Lukrez und ein Anhänger von dessen Denkschule.

In Rom gab es zu jener Zeit noch keine Buchläden. Stephen Greenblatt kommentiert dieses Vakuum (im dritten Kapitel) mit dem Satz »Rom fieberte nach Büchern, wie die Griechen auch« und weist außerdem auf ein Zitat des norwegischen Papyrologen Knut Kleve hin: »In Herculaneum wurde *De rerum natura* wiederentdeckt, 235 Jahre, nachdem die Papyri gefunden wurden.«

Was könnte der Grund für diese Ignoranz gewesen sein? Lukrez habe Epikur als Erlöser empfunden, argumentiert Greenblatt, weil dieser nicht mit der Kraft der Waffen triumphiert habe, sondern mit der Kraft des Geistes. »Seine philosophischen Gegner, die sich in ihrer gesellschaftlich höheren Stellung sonnten, haben immer wieder mit Epikurs bescheidener Herkunft argumentiert. Sie rümpften die Nase über einen Philosophen, der seinem Vater beim Elementarunterricht zur Hand gegangen ist und mit seiner Mutter von Hütte zu Hütte zog und Sühnegebete vortrug.«

Insbesondere im dritten Kapitel von *Die Wende* wird die Frage gestellt, warum zu jener Zeit auch noch sehr viele andere Bücher verschwunden sind – wie und wieviele. Sehr unterschiedliche Faktoren spielen dabei eine Rolle, auch das Klima, Seuchen, Wasserschäden – und nicht zu vergessen Bücherwürmer, gegen die auch Zedernöl nur begrenzt helfen konnte. Die Lektüre von *Die Wende* lässt Ereignisketten sichtbar werden, die sich erst durch den Lauf der Jahrhunderte rückwärtig erkennen lassen. Die Brände von Bibliotheken wie der von Alexandria sind ebenso Teil der faszinierenden Geschichte wie die Kriege zur Zeit des Julius Caesar.

Als symbolischen Höhepunkt der Zerstörungsakte jedoch bezeichnet Stephen Greenblatt den Mord an der Mathematikerin Hypatia, einer hoch gebildeten und einflussreichen Frau, die ungefähr 355 geboren wurde und die auch als öffentliche Person auftrat. Das schaurige Ereignis markiert einen Einschnitt in der Geschichte, der sich als Abstieg in fiebrige Trivialität und Niedergang geistigen Lebens zusammenfassen lässt. Der Mord an Hypatia verbannt Frauen wieder aus dem öffentlichen Leben und markiert zugleich das Ende einer geistigen Tradition. Die Bühnen der Welt gehören nun den Arenen, in denen Menschen Löwen zum Fraß vorgeworfen werden. Das Streben nach Schmerz rückt in den Vordergrund. Der Gegensatz dazu ist das Streben nach Lust im Sinne von Wohlbefinden.

Wer war Epikur? Diese Frage führt über den Tod des Philosophen hinaus durch die gesamte Geschichte. Im elften Kapitel von *Die Wende*, das die Überschrift »Nachwehen« trägt, bemerkt Shakespeare-Experte Greenblatt, dass Shakespeare Lukrez ganz sicher in einem seiner Lieblingsbücher begegnet sei: Den *Essais* von Michel de Montaigne, die 1580 in Frankreich erschienen und 1603 ins Englische übersetzt wurden und die u.a. fast einhundert direkte Zitate aus *De rerum natura* enthalten. Die Affinität zu Epikur und Lukrez drückt sich in allen Texten Montaignes aus, unter anderem auch in einer Abhandlung über die Grausamkeit. Die Geschichte der Wissenschaft ist auch eine Geschchte der Denunziation oder Hinrichtung durch die Inquisition. Sie beruht auf Lebensgeschichten – wie der von Galileo Galilei oder Giordano Bruno. Ein Wissenschaftler, der erforscht, dass sich die Erde um die Sonne dreht, denkt und handelt im Geiste des Lukrez und des Epikur.

Poggio, der Bücherjäger hat das Gedicht von Lukrez im Jahr 417 entdeckt. Danach wurde noch 200 Jahre lang verhindert, die Ideen von Lukrez und Epikur einem breiteren Publikum nahezubringen. Stephen Greenblatt weist auf zahlreiche Namen hin, die sich für die Verbreitung des Buches eingesetzt haben, darunter der Theaterschriftsteller Molière (1622–1673), der *De rerum natura* ins Französische übersetzt hat. Die Übersetzung ist leider nicht mehr erhalten. Doch Jahrhunderte später haben Charles Darwin und Albert Einstein durch naturwissenschaftliche Forschungen und mathematische Wissenschaft die Bühne für empirische Beweise bereitet, auf denen der moderne Atomismus beruht.

Einer der Gründerväter der Vereinigten Staaten, US-Präsident Thomas Jefferson, der Hauptverfasser der Unabhängigkeitserklärung, besaß laut Greenblatt nicht weniger als mindestens fünf (!) Ausgaben des Werkes von Lukrez. Stephen Greenblatt geht sogar soweit, die Gründung der neuen Republik als »lukrezische Wendung« zu bezeichnen und stellt fest, dass »die Atome des Lukrez in der amerikanischen Unabhängkeitserklärung von 1776 ihre Spuren hinterlassen« haben. Stephen Greenblatt beruft sich dabei auf Notizen und Briefe von Thomas Jefferson, in denen dieser, auch noch im Jahr 1820, im Alter von 77 Jahren, die Bedeutung von Sinneseindrücken hervorhebt. Greenblatt zitiert einen Satz aus einem Brief von Thomas Jefferson, der als Antwort auf die Frage nach seiner Lebensphilosophie geschrieben hatte: »Ich bin Epikureer.« Mit diesem Zitat (das in der deutschen Ausgabe auf Seite 312 zu finden ist), endet das Buch *Die Wende*.

De rerum natura hat Spuren vieler Art hinterlassen – auch in der Welt der Bilder.

SANDRO BOTTICELLI

PRIMAVERA

*S*andro Botticellis Bild *Primavera (Frühling)* ist kein Buch, sondern ein Bild – über das es eine ganze Reihe von Büchern gibt. In einem sind sich nahezu alle einig: Dieses Bild ist von außergewöhnlicher Schönheit. Es zeigt eine Art Paradiesgarten mit neun mythologischen Figuren. Dabei ist es kein Zufall, dass die motivische Hauptquelle des Bildes sich aus dem Gedicht *De rerum natura* von Lukrez ableitet. Schon daraus ergibt sich ein direkter Bezug zu Epikurs Philosophie. Darüber hinaus besingt auch der Epikureer Horaz in seinen *Oden* die *drei Grazien*, die zu den zentralen Motiven der *Primavera* gehören. Ebenfalls gepriesen werden die Grazien vom römischen Philosophen Seneca – als dreifache Verkörperung der Liebe im Sinne von Geben, Nehmen und Empfangen. Darüber hinaus gibt es Bildteile, die sich als Visualisierungen der *Fasti* von Ovid interpretieren lassen.

Das Originalbild von Botticelli ist riesig, nämlich rund zwei mal drei Meter (203 x 314 cm) groß – und hängt in den Uffizien in Florenz. Wann es genau gemalt worden sein könnte

– möglicherweise um 1482 oder auch erst später, vielleicht um 1487 oder in einem Zeitrahmen zwischen 1477 und den 1490er Jahren –, darüber gibt es unterschiedliche Ansichten. Noch vielfältiger sind auch die Interpretationen und Interpretationsmöglichkeiten des berühmten Kunstwerks. Einigkeit hingegen herrscht über die Anzahl von Pflanzen, die in dem Bild abgebildet sind: 190 Blumen blühen vor einem in kräftigen Grüntönen gemalten Hain aus Orangenbäumen auf einer Wiese, mindestens 130 davon sind identifiziert worden, darunter Vergissmeinnicht, Margeriten, Iris und Rosen.

Barfüßig stehen, tänzeln, flüchten, schreiten auf dem blumenübersäten Boden sechs weibliche Figuren in zarten transparenten Kleidern. Drei des Fliegens mächtige männliche Wesen umrahmen sie dabei wie ein Dreieck: Links im Bild schaut der Götterbote Merkur mit seinen Flügelschuhen in die Luft, eine Hand mit ausgestrecktem Finger nach oben streckend, als ob er gleich senkrecht vom Boden abheben könnte. Rechts im Bild stürzt sich der Windgott Zephyr durch dunkle Lorbeerbäume auf die Nymphe Chloris. In der Bildmitte, über dem Kopf seiner Mutter Venus, schwebt der Liebesgott Amor, ein Knabe mit Pfeil und Bogen.

Flora, die blumenbekränzte Frühlingsgöttin trägt ein fließendes Kleid mit Blumenmotiven, während sie Blüten streuend zwischen Venus und Chloris tritt. Weil in den *Fasti* des Ovid eine Verwandlung von Chloris in Flora beschrieben wird, lässt sich dieser zentrale Bildteil als Verwandlung interpretieren. Auf der linken Bildseite bilden die Grazien, die neben Merkur miteinander tanzen, ebenfalls eine Dreiergruppe.

Der surrealistische Maler René Magritte hat 1957 in seinem Bild *Das fertige Bukett* Flora, die Frühlingsgöttin, aus dem ursprünglichen Bild als Einzelfigur collagenähnlich auf den Rücken eines Mannes in schwarzem Mantel und Melone übertragen, der in einen Wald schaut. Wie immer sich dies deuten lässt und was immer sich an versteckten Botschaften in Botticellis Bild noch finden lässt, die abgebildete Figurengruppe entspricht einer Hymne von Lukrez auf Venus. In dieser Hymne wird der Frühling ebenso benannt wie Venus und deren geflügelter Bote, wie Flora und der sie verfolgende Zephyr. Die mythologischen Figuren bereiten der Göttin Venus den Weg. Ihre Schritte, Gesten und Bewegungen bringen den Zauber der Welt hervor, deren Farben, Düfte und Szenen sich stets aufs Neue wandeln.

Die Schönheit der Welt, des Frühlings, der Natur, der Pflanzen mit allen Sinnen wahrzunehmen: Das ist Teil der epikureischen Philosophie beziehungsweise des Philosophierens – im aktiven Sinn. Epikur betrachtet das menschliche Dasein in seiner realen Umgebung, dem Leben als körperlich-geistiges Wesen auf der Erde.

Aus der Naturphilosophie
bezieht man Stärke
gegenüber der Angst
vor dem Tod.

CICERO

KAPITEL 11

WIE WERDEN MENSCHEN WIRKLICH FREI?

*E*pikurs Schule Schule blieb noch weit über die Zeit von Epikurs Tod hinaus bestehen. In ganz Griechenland und auch über die Grenzen des Landes hinaus, besonders in Süditalien, entstanden Philosophengärten nach dem epikureischen Modell. Der Philosoph Epikur hatte Gegner und Feinde, nicht nur zu Lebzeiten, sondern auch noch Jahrhunderte danach. Seine Schule und sein Werk wirkten befreiend. Dabei ging es vor allem um die Befreiung von Angst. Die erbitterten Gegner von Epikurs Philosophie mag ebenfalls eine Angst angetrieben haben – die Angst um den Verlust von Privilegien und Macht. Doch der größte Feind von Epikurs Idee ist möglicherweise nicht etwas Offensichtliches, sondern etwas weniger Klares, etwas Verborgenes: Die menschliche Neigung, Verantwortung für das eigene Leben an eine andere Person abgeben zu wollen.

Auch einige von Epikurs Schülern neigten offenbar dazu, einen Teil von Epikurs Philosophie zu ignorieren und in die älteste Falle der Welt zu tappen: Einen anderen Menschen auf ein zu hohes Podest zu stellen. Immer wieder wurde versucht, Epikur gottähnlich zu verehren. Wenn Menschen aber einen anderen zum »Halbgott« erheben oder ihm gar blind gehorchend folgen, inszenieren sie selbst sich damit wie Kinder. Geht etwas schief, steht zugleich schon ein »Sündenbock« bereit. Dies ist das absolute Gegenteil von Selbstbestimmung und das Gegenteil von dem, was Epikur mit dem Begriff »Philosophieren« meinte.

Dass Epikur selbst sich des Problems bewusst war und keineswegs gottähnlich verehrt werden wollte, geht aus einem weiteren Brief von ihm hervor.

BRIEF AN KOLOTES

»Weil du damals deine Wertschätzung für unsere Lehre aus-drücken wolltest, überkam dich die aus unserer Naturerklä-rung nicht ableitbare Sehnsucht, uns zu umarmen, indem du unsere Knie umfasstest.«

Diese Worte schreibt Epikur in einem Brief an seinen ehema-ligen Schüler Kolotes, den er zu diesem Zeitpunkt schon seit vielen Jahren kennt. Kolotes gehört zu jenem Kreis von jungen Männern aus – zum Teil sehr wohlhabenden – Kreisen, die Epikur in seiner Zeit in Lampsakos begleitet haben.

Der 320 v. Chr. geborene Kolotes, rund 20 Jahre jünger als Epikur, war in Lampsakos hoch angesehen. Aus Michael Er-lers Grundlagenwerk der Philosophiegeschichte geht hervor, dass Kolotes nicht – wie zum Beispiel Metrodor oder Themista – mit Epikur nach Athen ging, sondern möglicherweise nach Epikurs Umzug die Schule in Lampsakos geleitet hat. Der An-lass zu dem der kommentierte Kniefall stattfand, könnte dem-nach auch eine Art Gastbesuch des ehemaligem Schülers bei seinem Lehrer gewesen sein.

Die Geste, die Epikur in obigem Zitat beschreibt, bezieht sich ganz offensichtlich auf einen Kniefall – den Kniefall des Kolotes vor Epikur. Doch Epikur scheint dies nicht gefallen zu haben. Gleichzeitig scheint es nicht ganz einfach für ihn gewesen sein, wie er sein Missfallen ausdrücken soll. Es wirkt auffallend vorsichtig und behutsam, wie Epikur die Angelegenheit thematisiert, zu der er offensichtlich nicht einfach schweigen möchte: Ein Kniefall sei eine Art von Ehrfurchtsbezeugung, stellt Epikur fest, die auch bei Bitten gegenüber bestimmten Menschen eingesetzt werde.

In der Folge erläutert er seine Reaktion darauf: »So hast du es erreicht, dass auch wir entsprechend unsere Verehrung und Ehrfurcht dir gegenüber bezeugten.«

Aus diesen Zeilen lässt sich schließen, dass Epikur sich als Reaktion auf den Kniefall selbst vor Kolotes auf die Knie geworfen hat und in dem Brief nun diese »Antwort« erklärt. Er schließt mit den Worten: »Wandle in meinen Augen als Unsterblicher und betrachte auch uns als unsterblich.«

Der *Brief an Kolotes* weist darauf hin, dass Epikur einen Vorfall dieser Art keinesfalls unkommentiert stehen lassen kann und will: Dass jemand vor ihm auf die Knie fällt, widerspricht offensichtlich den Grundsätzen seiner Philosophie.

Epikur möchte nicht als Person verehrt werden: Dass er dies eindeutig klarstellen möchte, lässt sich auch aus dem Zitat ableiten, dass es Kolotes um eine Wertschätzung der Lehre ging, deren Inhalt die Naturerklärung ist – und eben nicht um Personenkult.

Über das dahinter liegende menschliche Grundproblem philosophiert ein berühmtes Brüderpaar der Literaturgeschichte.

DER GROSSINQUISITOR

*D*as Kapitel *Der Großinquisitor* aus dem Roman *Die Brüder Karamasow* wurde auch separat veröffentlicht. Es
thematisiert eine der beliebtesten Verdrängungsstrategien der
Welt: Die menschliche Neigung, sich selbst als Kind zu inszenieren und die Verantwortung für das eigene Leben abgeben
zu wollen.

Iwan Karamasow sitzt mit seinem Bruder Aljoscha in einem
Restaurant und eröffnet ihm, er habe im Kopf eine »Dichtung«
verfasst, die er ihm mitteilen wolle. Jesus Christus erscheint im
mittelalterlichen Spanien zur Zeit der Inquisition noch einmal
auf der Erde, wobei er nicht spricht. Trotzdem wird er von den
Menschen erkannt, heilt und wirkt Wunder, bis er verhaftet und
von einem greisen Großinquisitor zum Verhör bestellt wird.

Dieser Großinquisitor wirft Jesus falsches Verhalten vor.
Denn nichts sei jemals für die Menschen und die menschliche
Gesellschaft unerträglicher gewesen als die Freiheit, sagt er an-
klagend. Statt sich vergeblich um die Befreiung der Menschheit
zu bemühen, hätte Jesus sich lieber auf andere Dinge konzent-

rieren sollen! Steine hätte er in Brot verwandeln können, dann wäre ihm die Menschheit wie eine Herde Schafe nachgelaufen, dankbar und gehorsam, wenn auch in stetem Zittern, dass er seine Hand abziehen könnte und es mit den Broten ein Ende hätte.

Jesus bleibt stumm, während der Großinquisitor ihm vorwurfsvoll Reden von früher vorhält. Da habe Jesus gesagt, der Mensch lebe nicht vom Brot allein. Dem widerspricht der Großinquisitor heftig, denn seiner Ansicht nach gilt für die Menschheit nur ein einziges Motto: »Knechtet uns lieber, aber macht uns satt!« Die Freiheit betrachtet der Großinquisitor keineswegs als grundlegendes Bedürfnis, sondern im Gegenteil als das große Problem der Menschheit.

Daraus zieht der Großinquisitor die Schlussfolgerung: »Sie werden uns anstaunen und uns für Götter halten, weil wir, die wir uns an ihre Spitze stellen, uns bereit erklärt haben, die Freiheit zu ertragen, vor der sie Angst haben, und über sie zu herrschen – eine so schreckliche Empfindung wird es schließlich für sie werden, frei zu sein.«

Jesus schweigt weiter, der Großinquisitor fährt fort, es gäbe für den Menschen, wenn er frei geblieben sei, keine dauerndere, quälendere Sorge, als möglichst rasch jemand zu finden, den er anbeten könne. Doch die größte Sorge der Menschen bestehe darin, nicht nur etwas zu finden, was sie anbeten können, sondern etwas, an das auch noch alle gemeinsam glauben. Und dieses Bedürfnis der gemeinsamen Anbetung, gerade das sei die größte Qual sowohl eines Individuums als auch der ganzen Menschheit von der Urzeit an. Um der gemeinsamen Anbetung willen würden sie einander mit dem Schwert vernichten.

Der Großinquisitor beschreibt, wie die Menschen sich Götter schaffen und einander zurufen: »Verlasst eure Götter und kommt her, die unsrigen anzubeten; oder der Tod euch und euren Göttern!«

So werde es sein bis ans Ende der Welt und wenn die Götter verschwinden würden, würden die Menschen vor Götzen niederfallen. Der Mensch kenne nämlich keine quälendere Sorge als die, jemanden zu finden, dem er so schnell wie möglich das Geschenk der Freiheit übergeben könne, mit dem er unglücklicherweise geboren sei.

Der Großinquisitor wirft Jesus vor, die Freiheit der Menschen gar noch vergrößert zu haben, statt sie in seine Gewalt zu bringen. Er hätte deshalb selbst den Grundstein zu seiner Zerstörung gelegt. Denn es gäbe nur drei Mächte auf der Welt, die Menschen Glück brächten: Das Wunder, das Geheimnis und die Autorität.

Der Mensch suche nicht so sehr Gott, sondern das Wunder. Ohne Wunder komme er nicht aus. Wäre Jesus vom Kreuz herabgestiegen wie ein Zauberkünstler hätte er die Menschen durch ein Wunder knechten können. Denn Menschen seien wie kleine Kinder.

Immer mehr redet der alte Mann sich in Rage. »Werde doch zornig!«, ruft er dem stummen Jesus schließlich zu und teilt ihm mit, dass er seine Liebe nicht wolle, weil auch er Jesus nicht liebe.

Der Großinquisitor hält Jesus vor, dass große Eroberer wie Timur und Dschingis Khan wie ein Wirbelsturm über die Erde gefahren wären und dabei im Unterschied zu ihm, Jesus, die Bedürfnisse der Menschheit berücksichtigt hätten: allumfassende Vereinigung! Eine Weltherrschaft hätte Jesus begründen können, schimpft der Großinquisitor weiter. Stattdessen habe sein Versuch, die Menschheit zu befreien, nur Verwirrung in die Welt gebracht. Dies gipfelt in folgendem Ausruf:

> *»Wir werden ihnen beweisen, dass sie schwach, dass sie nur armselige Kinder sind, dass aber das Glück von Kindern süßer ist als jedes andere. Sie werden schüchtern werden und zu uns aufblicken und sich ängstlich an uns drücken wie die Küklein an die Henne. Sie werden uns anstaunen und fürchten und stolz darauf sein, dass unsere Macht und Klugheit uns befähigt hat, eine so störrische Herde von tausend Millionen zu zähmen. Sie werden kraftlos zittern vor unserem Zorne [...]. Ja, wir werden sie zwingen zu arbeiten; aber in den arbeitsfreien Stunden werden wir ihnen das Leben zu einer Art kindlichen Spieles gestalten, mit Kinderliedern, Chorgesängen und unschuldigen Tänzen. [...] sie aber werden uns als ihre Wohltäter vergöttern [...] und sie werden keinerlei Geheimnisse vor uns haben.«*

Die Menschen würden sich mit Lust und Freude unterwerfen, monologisiert der Großinquisitor weiter. Und er entwirft ein Ideal:

> *»Wir werden alles entscheiden und sie werden unsere Entscheidung mit Freuden glauben, weil diese sie von der großen Sorge und der jetzigen furchtbaren Qual der freien persönlichen Entscheidung befreien wird. Und alle werden glücklich sein, alle die Millionen von Wesen, mit Ausnahme der hunderttausend, die über sie herrschen. Denn nur wir, wir, die Hüter des Geheimnisses, nur wir werden unglücklich sein.«*

Iwan gerät beim Sprechen des Textes in zunehmend größere Aufregung, während sein Bruder Aljoscha die ganze Zeit schweigend zuhört. Dann springt Aljoscha plötzlich auf und ruft, dass diese »Dichtung« ein Lob von Jesus sei und nicht ein Tadel, wie angekündigt!

Epikureisch zu denken, heißt selbst zu denken, selbst zu entscheiden und selbst zu handeln. Es ist das Gegenteil jeder Art von Mitläufertums und das Gegenteil jeder Art von Opferhaltung. Es steht im Gegensatz zu ideologischen Schablonen, zu Rastern und zu Vorgaben aller Art, die eigenes oder differenziertes Denken ausschalten wollen.

Dass Romane verfilmt werden, kommt häufiger vor. Das Umgekehrte jedoch ist seltener. Und die Autorin hielt die Anfrage des Regisseurs zunächst für ein unmögliches Unterfangen. Doch dann schrieb sie nach einem Film einen Roman. In der Geschichte geht es um drei Prüfungen für eine junge Heldin. Dabei ist es auch hier wieder ein Stapel Bücher, mit denen der Weg in die Freiheit beginnt.

CORNELIA FUNKE

GUILLERMO DEL TORO

DAS LABYRINTH DES FAUNS

*C*ornelia Funke zählt zu den international erfolgreichsten und bekanntesten deutschen Kinder- und Jugendbuchautoren. Viele ihrer Bücher hätten auch perfekt in andere Kapitel dieses Buches »gepasst«: Die Jugendbuch-Reihe *Die wilden* Hühner, deren erster Band 1993 erschien, erzählt von den Abenteuern einer Mädchenbande im richtigen Leben – also von Freundschaft. Bei *Igraine Ohnefurcht* sagt schon der titelgebende Name, dass hier ein Mädchen verstaubte Rollenbilder sprengt. Und die Magie der Bücherwelt und des Lesens ist das *(Tinten-)Herz* einer ganz und gar zauberhaften Trilogie.

Als eines ihrer »aufregendsten kreativen Abenteuer« bezeichnet Cornelia Funke die Arbeit an dem Roman *Das Labyrinth des Fauns*, nach dem Film *Pans Labyrinth* (2006) des mexikanischen Drehbuchautors und Regisseurs Guillermo del Toro. In der Geschichte spielen die Angst vor dem Schmerz und die Angst vor dem Tod eine zentrale Rolle. Dabei tritt eine mythologische Gestalt, der Pan, Gott der Natur, in der Gestalt eines ziegenfüßigen Fauns auf.

Es ist das Jahr 1944. Die zwölfjährige Ofélia zieht mit ihrer Mutter auf ein Landgut in Spanien zu ihrem Stiefvater, dem Militäroffizier Vidal, der im Dienst der faschistischen Diktatur unter Francisco Franco Aufstände republikanischer Rebellen mit Waffengewalt bekämpft. Ofélias Mutter scheint Opfer dieses tyrannischen Mannes, den Ofélia nun »Vater« nennen soll. Das Mädchen flüchtet sich in die einzige Welt, die jenseits dieser Realität noch zu finden ist: Bücher.

Ofélia liest nicht nur, sondern sie baut sich, inspiriert von der Magie eines Labyrinths in der Nähe, ihre eigene Phantasiewelt auf. Dort lebt der Pan, eine überlebensgroße Phantasiefigur: »Manche nennen mich Pan«, sagt er zur Vorstellung seiner Person. »Aber ich hatte schon so viele Namen.« Mit steifen Schritten stakst er herum wie ein lebendig gewordener Baum oder Stein. »Alte Namen, die nur der Wind und die Bäume aussprechen können…« Ofélia nennt er »Eure Hoheit«, denn ihr wahrer Name sei »Prinzessin Moanna«, die Tochter des Königs des Unterirdischen Reiches. Der Faun stellt drei Aufgaben in Form von Prüfungen und überreicht Ofélia ein geheimnisvolles Buch, das *Buch der Entscheidungen*. Die letzte Prüfung ist die Schwierigste – und Ungeheuerlichste. Denn der Faun, der bis zu dieser Stelle wie ein unberechenbarer, jedoch im Grunde weiser Ratgeber wirkt, behauptet plötzlich, dass nur der Tod eines Unschuldigen den Weg in die Freiheit eröffnen würde. Mit einem Dolch gibt er der schockierten Ofélia vieldeutig zu verstehen, dass der Tod ihres neugeborenen Bruders Ofélia ihr die Freiheit schenken könnte. Das Portal, durch das sie fliehen könnte, würde sich nur durch den Tod eines Unschuldigen öffnen.

Ofélia muss eine Entscheidung treffen, alleine, trotz aller Angst und Verunsicherung. Sie muss entscheiden, wem sie mehr traut: Der Autorität des Pan oder sich selbst. Sie entscheidet sich für den Ungehorsam und damit für das Vertrauen in ihre eigene Wahrnehmung. Genau damit hat Ofélia die letzte Prüfung bestanden. Zwar stirbt sie, durch eine Kugel aus der Pistole des Stiefvaters. Aber sie wird damit unsterblich – und zur Prinzessin Moanna, von der die Geschichte erzählt. Es ist der Tod der Kindheit, um den es hier geht. Das Ende der kindlichen Haltung im Sinn der Abgabe der Verantwortung an eine höhere Instanz. Erwachsen zu werden, beginnt mit dem Vertrauen in die eigene Wahrnehmung. In diesem Fall heißt das: Ein unschuldiges Leben zu opfern kann Ofélia unter keinen Umständen als richtig befinden, was auch immer die Konsequenzen sein mögen.

Eine mögliche Interpretion dieser Geschichte wäre auch, alle drei weibliche Figuren als Aspekte einer einzigen Frau zu betrachten, die einen Prozess des Erwachsenwerdens durchlebt. Neben Ofélia und ihrer Mutter ist da noch Mercedes, das Dienstmädchen, eine mutige unerschrockene Person. Mercedes ist es, die am Ende den Bruder Ofélias auf dem Arm trägt, während ihr erwachsener Bruder, Pedro, begleitet von einer Rebellengruppe, den Hauptmann Vidal in einem Akt der Selbstverteidigung erschießt. Ofélia, das Kind, ist – im metaphorischen Sinn – »gestorben«, so wie ihre Mutter, Carmen Cardoso, die sich der Übermacht untergeordnet hat. Überlebt aber hat Mercedes, eine Frau, die erwachsen geworden ist – und damit auch ihre Rolle als Dienerin eines Tyrannen ablegt.

JUMP BOOK

*E*pikurs Ziel ist die Freiheit in dieser Welt. Bekanntermaßen ist die Erde der Planet mit der Schwerkraft. Trotzdem in die Luft zu springen, hebt außergewöhnliche Menschen von anderen ab – im wahrsten Sinne des Wortes.

Als einer der weltbesten Fotografen seiner Zeit schaffte es der in Riga geborene Philippe Halsman (1906–1979) auf 101 Coverseiten des *LIFE*-Magazins. Auf dem Höhepunkt seiner Karriere Mitte der 1950er-Jahre bat Halsman sechs Jahre lang seine Models zum Ende jeder Porträtsitzung, für ihn zu springen. Das Ergebnis sind 197 Fotos außergewöhnlicher Persönlichkeiten, die alle dasselbe machen: Luftsprünge. Ob Leinwand-Stars oder Menschen aus Politik, Wirtschaft und Kunst – sie alle lassen in diesen faszinierenden Bildern für einen Moment die Maske fallen, die ihre Rolle im Leben normalerweise begleitet. Und dieser Moment ist stets ein Moment der Freude und des Glücks.

Jeder der Sprünge erzählt eine andere Geschichte. Dabei mag es nicht weiter zu verwundern, dass sie alle völlig unterschiedlich springen – von Atomphysiker J. Robert Oppenheimer bis Schauspielerin Marylin Monroe. Das Erstaunliche ist, was sie alle gemeinsam haben in diesem Augenblick. Doch was ist das genau?

Philippe Halsman führt im Textteil seines Buches mit einem Augenzwinkern die »Jumpology« als Wissenschaft ein und beschreibt sie folgendermaßen: Bei einem Sprung überwinde das Model mit einem Energieausbruch die Schwerkraft. Es könne dabei nicht gleichzeitig seinen Ausdruck, die Muskeln im Gesicht und die Gliedmaßen steuern. Die Maske falle. Das wahre Ich komme zum Vorschein.

Was dabei passiert, geht über das Begreifen nur mit dem Verstand allein hinaus. Denn in den Bildern zeigt sich, was Glück im unmittelbaren Wahrnehmen ist: Ein Gefühl!

Im Alltag ist Springen Energieaufwand. Und nicht immer haben wir die Kraft, den Mut oder auch die Idee zum Extrasprung. Kommt sie aus purer Lust am Leben? Oder ist es eher umgekehrt? Die Bilder und Texte von Philippe Halsman regen an, darüber zu philosophieren – auch über die Frage, was Freiheit bedeutet.

Zum Philosophieren anregen möchte auch dieses Buch, mit jedem Kapitel und den darin vorgestellten Büchern. Bücher sind wunderbare Reisebegleiter für Expeditionen in jede Art von Abenteuer und für die Suche nach dem Glück. Gute Reise!

KAPITEL 12

EINE KLEINE BIBLIOTHEK DES GLÜCKS

In jedem Kapitel dieses Buches geht es um ein zentrales Thema aus Epikurs Philosophie. In diesem Sinn kann auch die folgende kleine Bibliothek des Glücks zum Philosophieren anregen.

REGAL 1: DIE MAGIE DES BÜCHERFINDENS

Michael Endes Roman *Die unendliche Geschichte*

Mark Forsyths Essay *Lob der guten Buchhandlung*

Séverine Gindros & David Vitalis Miniaturbuch *Epikur. Über das Glück*

Ludwig Marcuses Essaysammlung *Philosophie des Glücks. Von Hiob bis Freud*

REGAL 2: DIE PHILOSOPHIE DER FREUNDSCHAFT

Diogenes Laertius' Philosophiegeschichtswerk *Von dem Leben und den Meinungen berühmter Philosophen*

Wilhelm Schmids *Vom Glück der Freundschaft*

Dai Sijies Roman *Balzac und Die kleine chinesische Schneiderin*

REGAL 3: WIE LÄSST SICH ANGST ÜBERWINDEN?

Lemony Snickets und Jon Klassens Bilderbuch *Dunkel*

Susan Forwards Ratgeber *Emotionale Erpressung. Wenn andere mit Gefühlen drohen*

Joanne K. Rowlings *Harry Potter und der Gefangene von Askaban, Harry Potter und der Orden des Phönix* und die gesamte Romanreihe

Doris Dörries Schreibratgeber *Leben, Schreiben, Atmen. Eine Einladung zum Schreiben*

REGAL 4: WOHNT DAS GLÜCK IM GARTEN?

Eva Demskis Essaybuch *Gartengeschichten*

Marjolein Bastins Geschenkbuch *Das Glück wohnt im Garten*

Jakob Augsteins Abenteuerbericht *Die Tage des Gärtners*

Eric Carles Bilderbuch *Nur ein kleines Samenkorn*

Penelope Hobhouses Prachtband *Der Garten* (in allen Versionen)

George Plumptres Essay-Bildband *Eine Reise durch Englands Gartenschätze*

REGAL 5: WIE GELINGT EIN SELBSTBESTIMMTES LEBEN?

Malcolm Gladwells Sachbuch *Überflieger* mit dem Hinweis *Warum manche Menschen erfolgreich sind – und andere nicht*

Eine Weihnachtsgeschichte von Charles Dickens

Roddy Doyles Roman *Die Commitments*

REGAL 6: WAS BEDEUTET SINNLICHE WAHRNEHMUNG?

Epikurs *Brief an Herodot*

Hans Christian Andersens Märchen *Des Kaisers neue Kleider*

Hanns-Josef Ortheils Ratgeber *Schreiben auf Reisen* mit dem Wegweiser *Wanderungen, kleine Fluchten und große Fahrten – Aufzeichnungen von unterwegs*

Umberto Ecos Roman *Der Name der Rose*

REGAL 7: WAS BEDEUTEN GESCHICHTEN?

René van Royens und Sunnyva van der Vegts Sachbuch *Griechen kommen von der Venus, Römer vom Mars* mit der Vorwarnung *Eine etwas andere Einführung in die Antike*

Nancy H. Ramages und Andrew Ramages Bildband *Das alte Rom. Leben und Alltag*

Manfred Fuhrmanns *Geschichte der römischen Literatur*

Yann Martels Roman *Schiffbruch mit Tiger*

David Gilmours Roman-Hommage ans Kino *Unser allerbestes Jahr*

REGAL 8: WIE KOMMEN FRAUEN WEITER?

Catherine Newmarks Magazinbeitrag *Im Garten von Epikur* in der Sonderausgabe *Philosophinnen* der Zeitschrift *Philosophie*

Epikurs *Brief an Menoikeus*

Rebecca Solnits Sprachführer »Mansplaining« – *Wenn Männer mir die Welt erklären*

Astrid Lindgrens Kinderroman *Pippi Langstrumpf* und Jens Andersens Biographie über *Astrid Lindgren*

Jacob & Wilhelm Grimms sowie Božena Němcovás & Karel Jaromír Erbens Version des Volksmärchens *Die drei Spinnerinnen*

Iris Bohnets Sachbuch *What Works. Wie Verhaltensdesign die Gleichstellung revolutionieren kann*

REGAL 9: WIE SIEHT GLÜCK AUS?

Christian Mikundas Sachbuch *Warum wir uns Gefühle kaufen*

José Jorge Letrias & André Letrias Phantasiereiseführer *Wenn ich ein Buch wäre*

Carol Dwecks Sachbuch *Selbstbild. Wie unser Denken Erfolge oder Niederlagen bewirkt*

Raquel J. Palacios Roman *Wunder*

Quint Buchholz' Rätselbilderbuch *Zauberworte*

REGAL 10: WAS BEDEUTET DER TOD FÜR DAS LEBEN?

Horaz' Ausspruch *Carpe Diem*

Epikurs *Brief an Idomeneus*

Yan Marchands & Jérémie Fischers philosophisches Bilderbuch *Das Lachen des Epikur*

Lukrez' & Klaus Binders Übersetzungskunstwerk *Über die Natur der Dinge*

Stephen Greenblatts Zeitreise *Die Wende. Wie die Renaissance begann*

Sandro Botticellis Gemälde *Primavera*

REGAL 11: WIE WERDEN MENSCHEN WIRKLICH FREI?

Epikurs *Brief an Kolotes*

Fjodor Dostojewskis Kapitel *Der Großinquisitor* aus dem Roman *Die Brüder Karamasow*

Cornelia Funkes & Guillermo del Toros phantastisches Gesamtkunstwerk *Das Labyrinth des Fauns*

Philippe Halsmans »*Jumpology*« – *Fotografie im Jump Book*

Marietheres Wagner ist Regisseurin und Drehbuchautorin. Ihr Spielfilm *Die Nacht des Marders* wurde mit dem Deutschen Filmpreis und mit dem Bayerischen Filmpreis ausgezeichnet. Sie ist Autorin von Sach- und Kinderbüchern sowie Dozentin für Literaturwissenschaft und Mediensemiotik an der Universität Passau. Beim Schreiben über Literatur und Filme stellte sie fest, dass Epikurs Ideen auch für die Geschichte des Erzählens von großer Bedeutung sind. Von ihr ist im Midas Verlag erschienen *Prinzip Hollywood – Wie Dramaturgie unser Denken bestimmt.*